高中班主任教育管理工作研究

于伟 著

中国海洋大学出版社

·青岛·

图书在版编目（CIP）数据

高中班主任教育管理工作研究/于伟著. —青岛：
中国海洋大学出版社，2021.9
ISBN 978-7-5670-2934-7

Ⅰ. ①高… Ⅱ. ①于… Ⅲ. ①高中—班主任工作
Ⅳ. ①G635.16

中国版本图书馆 CIP 数据核字（2021）第 186420 号

出版发行	中国海洋大学出版社
社　　址	青岛市香港东路 23 号　　邮政编码　266071
出 版 人	刘文菁
网　　址	http：//pub.ouc.edu.cn
电子信箱	2586345806@qq.com
订购电话	0532-82032573（传真）
责任编辑	矫恒鹏　　　　　电　　话　0532-85902349
印　　制	青岛至德印刷包装有限公司
版　　次	2023 年 3 月第 1 版
印　　次	2023 年 3 月第 1 次印刷
成品尺寸	170mm×240mm
印　　张	11.25
字　　数	200 千
印　　数	1～1 000
定　　价	40.00 元

发现印装质量问题，请致电电话 0532-83645098 ，由印刷厂负责调换。

前　言

高中是素质教育的重要阶段，高中班主任教育管理工作任务异常艰巨。

高中班主任在班级管理工作中要全身心投入、全方位跟进，加强对班级的科学管理，注意学生自治能力的培养，做好学生心理疏导，树立好的榜样，不断培养学生良好的学习习惯，引导学生运用恰当的学习方法努力提高学习成绩。同时，要积极开展形式多样的教育活动，使学生在活动中受到启迪。高中班主任要在班级管理中寻求创新，适应新时期新发展，在素质教育要求下，使高中生德、智、体、美、劳得到全面发展，促使高中生具备创新实践型思维。只有这样，他们在未来才可以更完美地融入社会，成为社会上需要的人才。

当前，我国高中班主任班级管理工作还有很大提升空间。班级文化建设需要每位同学参与其中，班主任必须了解每个学生的特点，关心他们的成长。不光要在学习成绩方面关心他们，更要关注他们的心理健康，挖掘每个学生的闪光点，给予他们鼓励与肯定。班主任要不断创新班级管理工作内容，使班级发展更接近社会发展，坚持以人为本理念与家校合作的班级管理模式，使学生占据主体地位。班主任还要注重自身专业素养的提高，学习更加先进的教学方式从而适应新时代的班级管理理念。因此，本书就高中班主任教育管理工作展开了深入研究。

本书首先就班主任教育管理工作展开阐述，随后研究高中班主任角色定位和高中班主任教育管理工作任务与原则。然后针对以人为本理念、家校合作背景下高中班主任班级管理工作展开具体研究。这部分内容作为本书的研究重点，作者做到了理论联系实际，对高中生的健康快乐成长具有重要参考价值。紧接着，本书针对新课改背景下高中班主任班级管理展开研究，并深入研究了高中班主任德育工作及心理健康教育工作的开展，使读者在认识到高中班主任德育工作开展的重要性、高中生心理健康问题的同时找到具体解决办法。最后则针对高中和谐班集体的建设、高中班级文化建设工作开展进行了研究。

在本书的撰写过程中，笔者吸收、借鉴了国内外许多专家、学者的最新研究成果和出版文献，在此一并表示感谢。由于撰写人员水平有限，不妥之处在所难免，敬请广大读者批评指正。

作　者
2021 年 4 月

目　录

第一章 导 论

第一节 高中班主任教育管理工作创新的必要性

一、高中班主任在教育管理工作中的特殊地位

从学校教育的实际工作看，高校班主任工作直接影响着青少年的成长，关系着国家的未来。班主任是班级思想政治、道德品质教育的首席责任教师。每个班级有四五十个学生集中在一起上课、锻炼、娱乐，共同生活，没有班主任的带领、引导，没有班主任把他们组织成一个优秀的集体，是不能正常完成各项教育任务的。因此，班主任在学校教育教学工作中具有特殊的地位。

（一）班主任是班集体的教育者、组织者和指导者

班主任工作直接影响着学校的整体工作，班集体不是自发形成和发展的，而是班主任按照一定的教育规律创建起来的。学生在学校的学习、生活大都是在班级中进行的，班级是学生组织的基本单位，也是教师和学生开展活动、进行信息交流的最基本的组织形式。一个班集体能否形成坚强的合力，全体学生能否按照培养目标成为德智体全面发展的人才，很大限度上取决于班主任的工作质量。因为班主任在学生心目中占有很重要的地位，班主任的言行举止会在学生心灵深处打下了较深的烙印，对学生从小打好世界观基础，培养共产主义道德品质，形成良好的行为习惯都起着深远的教育作用。这就要求班主任必须有高度的责任感，有较强的组织管理能力，能创造性地开展工作，能与学生融为一体。只有这样，班主任才能带领一个班集体逐步形成自己的奋斗目标、健全的组织和制度、强大的凝聚力、良好的学习风气和积极向上、团结友爱的班风，从而保证学校的教育教学活动顺利开展，最终促成全班学生在德、智、体诸方面的全面发展。因此说，班主任是班集体的教育者、组织者和领导者。

（二）班主任是学校领导者实施教育、教学工作的得力助手和骨干力量

班级是学校开展教育、教学工作的基本单位，是学校领导教育教学工作计划的最终落脚点，因此社会主义价值观的教育方针政策的贯彻落实，学校行政领导对于教育、教学工作改革的决议和计划，教导处、政教处、总务处有关学生教育和生活方面的指示或要求，团委、学生会组织开展的各项活动，乃至组织学生参加社会实践活动或公益劳动、清洁学校卫生、召开校运动会、举办艺术节等，一般都是通过班级或以班级为单位组织和开展的，而上述这些计划、指示、活动又都是通过班主任来贯彻实施的。由此可见，班主任是实现学校教育、教学工作计划和任务的骨干力量，也是学校行政领导的得力助手。

二、高中班主任教育管理工作创新的重要作用

（一）班主任在学生的全面发展、健康成长中，起着导师的引路作用

班主任是学生全面发展、健康成长的导师。学生的健康成长是遗传、环境和教育共同作用的结果。遗传素质是从上一代继承下来的生理解剖上的特点，是学生健康成长的物质前提；环境是学生生活其间的社会生活条件，它和教育一起影响着学生的成长；而学校教育起着主导作用，肩负着学生全面健康成长的班主任在学校教育中则起着比其他教师更重要、更经常的教育作用。

班主任是学生美好心灵的塑造者，是学生健康成长的引路人，学生的成长需要班主任的培养和教育，学生良好的思想品德、行为习惯、心理素质的形成，主要靠班主任的启发、诱导、熏陶和影响。班主任每天面对的是正处于长知识、长身体和思想品德形成关键时期的青少年，他们虽然同处在一个班级，年龄相仿，但是来自不同的家庭，他们性格迥异，兴趣、爱好也不相同，各有所长，又存在着自身发展的不平衡。他们有的长于此，有的长于彼，有的人思想方面存在问题，有的人对某些课程的学习困难较多，有的人缺乏体育锻炼，有的人在交友问题上处理不当，有的人则被家庭中的问题困扰而苦恼，有的人由于疾病或早恋等学习退步，有的人则因过分追求打扮而引起非议等。上述种种问题，都迫切需要与他们朝夕相处的班主任给予他们正确的启迪、亲切的开导、明晰的解惑，并及时帮

助他们解决各种实际困难，从而引导他们在德、智、体、美诸方面全面健康地成长。特别是在当前，我国社会还存在各种腐朽落后的思想习俗，这就容易使辨别是非能力不强的中学生在纷繁复杂的现实生活中迷失方向。所以班主任尤其要当好学生的"人生导师"，要不失时机地因势利导，促使学生身心健康发展，要着力注意培养学生树立坚定的社会主义政治方向和社会主义的道德品质，逐步使他们成为社会主义的建设者和接班人。

（二）班主任在协调科任教师的教育工作和沟通学校与家庭、社区教育上起着重要的纽带和桥梁作用

学生生活在复杂的环境中，他们的发展是在社会政治经济、思想文化及家庭和学校教育等各方面的综合作用下形成的。只有各种教育因素协调一致，形成一个巨大的合力，才能保证学生的健康成长。这里既有班主任的教育培养，也有科任教师、学校、家庭及社会的影响作用，要想使各种教育因素配合默契，形成合力，班主任就要在校内成为科任教师、学生和团组织之间的纽带，彼此分工合作，指导学生的各种活动，在校外同各教育机构保持联系，了解教育情况，沟通教育信息，成为学校、家庭和社区之间的桥梁。

在学校里，一个班的教育教学工作是由班主任和其他科任教师共同完成的。相对而言，科任教师更多的是对学生的某一方面负责，班主任则是对学生的整体发展负责。在实际的教育教学活动中，各科任教师都是基于本门学科独立地进行教授，倘若他们"各人一把号，各吹各的调"，相互之间不配合，总想抢占时间让学生多把精力用在自己的学科上，则很容易产生学生课业负担过重的现象，反而不利于学生素质的全面发展。因此，班主任应主动担当起班级科任教师的组织协调工作，要从学生整体出发，在语言、行为等方面注意理解、尊重和支持科任教师的工作，采取多种渠道与科任教师互通信息，尽善尽美地去协调好各科任教师之间的关系，千方百计地去沟通科任教师与学生之间的情感，为科任教师创设一个优良的教学环境。同时，班主任要协调好班级工作，一方面，要主动帮助科任教师掌握学生的思想、学习状况。另一方面，要与科任教师不断沟通和协调对学生要求的内容、范围、方式和方法，协助科任教师搞好教学工作。要倾听科任教师对学生情况的反映，不要袒护学生的缺点、弱点和错误，要及时化解学生与科任教师之间的矛盾，纠正学生的错误和对科任教师的不尊敬、不重视的行为，使班风学风沿着正确的方向发展。要努力将科任教师组织成班集体的教育团队，形成教育合力，共同制订班级发展计划。只

有使科任教师参与并协助自己做好教育和管理工作，方能使学生整体得到全面发展。如果没有班主任的协调，各科任教师各行其是，就难以收到班级整体各学科均衡发展的效果。由此可见，班主任是协调科任教师的教育工作，把作用于班级的各种力量形成教育合力的纽带。

在校外，班主任应当协调统一学校、家庭和社会对学生的教育影响，加强一致性，以发挥更大的教育作用。青少年教育是一项综合工程，需要学校、家庭和社会各方面力量的配合和协调。家长是子女的第一任老师，家庭教育对学生有着十分深刻的影响，起着举足轻重的作用。随着社会的不断进步，人们生活水平的提高，学生的学习条件越来越好，但是也存在许多问题：有些家长只关心子女的身体、学习，不关心子女的思想教育；有些家长忙于工作，无法亲自指导子女学习；更有些家长以不良的思想行为影响子女；等等。因此班主任要指导家庭教育工作，与家长共同商讨改进的办法，提出合理化的意见、建议，改善家庭教育环境，与家长共同教育孩子，使其健康成长。同时，班主任要积极争取社会各方面的配合，加强对学生的教育影响。我们知道，学生的生活并不局限于学校生活本身，丰富多彩的校外生活对他们的影响也很大。随着学生独立意识的增强和活动范围的拓展，各种有利或有害于学生成长的因素纷至沓来。班主任要使学生全面健康成长，就必须审时度势，经常与家庭、社会保持密切的联系，因势利导，充分发挥家庭和社会中积极因素的教育作用，克服消极因素的负面影响，以增强学校教育的效果。因此，班主任应该通过家访、定期召开家长会、短信平台等方式，加强与家长的交流沟通；还应该带领学生深入社区和各种有教育意义的基地学习参观，组织学生搞社会调查，请专家学者和模范人物到班级做报告，通过多种形式，沟通学校与家庭、社会的相互关系和教育渠道，使三方目标明确，要求统一，步调一致，共同做好学生的教育工作，培养出社会发展需要的合格人才。从这个意义上讲，班主任还是连接学校与家庭、社会教育的桥梁。

第二节　高中班主任的角色定位与素质结构

一、高中班主任的角色定位

新时代教育面临着新任务，即全面推进素质教育，培养合格的社会主义建设者和接班人。因此，我们必须创新班主任工作模式，使班主任成为多种角色的教育者、管理者。这是时代的呼唤，也是全面建成小康社会，实现中华民族伟大复兴中国梦的必然要求。新时代背景下高中班主任是高中生日常思想道德教育和学生管理工作的主要实施者，是高中生健康成长的引领者，是学校领导者实施教育、教学工作的得力助手和骨干力量，是协调科任教师的教育工作和沟通学校与家庭、社区教育的纽带和桥梁。

班主任是学校中全面负责一个班学生的思想、学习、健康和生活等工作的教师，在整个班级的管理、教学和工作中，扮演着十分重要的角色。班主任的工作方式和效果在很大限度上来源于班主任对自己所扮演的角色的正确认识，班主任的角色定位直接决定着班级的精神面貌和发展方向，深刻影响着学生德智体等方面的全面与充分发展。但是，在教育实践过程中，角色认识模糊的现象比较普遍，不少班主任陷入角色认识的误区，以至于常常发生角色错位倾向。班主任的角色定位问题不解决，或者解决得不大好，必然会影响班主任的工作方式和效果。因此，作为班主任，必须正确认识自身角色，做好班主任角色的转换和定位。

（一）班主任的多重角色

班级是一个复杂的"小社会"，班主任是班级的中心和灵魂。班主任每天要面对各种各样的教育问题，其角色内涵是丰富多样的。因此，作为班主任，必须明确自己的角色意识，科学定位，扮演好多重角色。

1. 班主任是班级管理的设计师

班主任对班级的管理是通过培养坚强的班级核心，组织井然有序的课堂教学和开展丰富多彩的课外活动进行的。班主任工作的这些特点，决定了班级管理不能采用"事无巨细，一概包揽"，或者"头痛医头，脚痛治脚"的直接管理方式，而要注重精心策划，周密设计，调动和发挥各个方面的积极性，与班干部共同做好班级工作。这就要求班主任扮演一种班级管理的设计师的角色，把立足点从直接管理转移到设计管理上来。

优良的班风能起到春风化雨、润物无声的特殊教育作用。它既可以激励先进，扶植正气，也可以带动落后，抑制不良倾向。因此，班主任的工作目标之一就是培育优良的班风，他们自然也就肩负着优良班风培养者的角色。班主任既要通过各种有效途径教育和引导学生，又要通过优良的班风建设来影响和感染学生。

2. 班主任是学生健康成长的守护者

班主任的教育对象是青少年，他们处在一生中成长发展的关键时期，特别需要教育和引导。班主任的特殊身份使其容易成为青少年在学校生活时的主要依靠对象。因此，班主任是学生学习、生活、心灵的导师，是学生全面和谐发展的引路人，是学生健康成长的守护者。

班主任每天主要是同学生打交道，因此，班主任要正确处理好与班级学生的关系。班主任既不能将自己凌驾于班级学生之上，也不能同他们对立起来，而应该将自己置身在班集体之中，成为集体中的一员。在师生关系的定位中，班主任应有意识地树立起一种既是学生的良师，更是学生的诤友的形象。教育家孔子说："子帅以正，孰敢不正？""其身正，不令而行，其身不正，虽令不行。"可见良师的榜样作用是巨大的。一名优秀的班主任不仅要具备丰富的专业知识，更要拥有高尚的人品；既要用渊博、幽默、风趣、理性去征服学生，更要用正直、善良、宽厚去影响学生。

3. 班主任是协调多方关系的艺术家

一个班级的几十名学生来自不同的社区和家庭，要教育好这些学生，搞好班级管理，新时期班主任应力争成为一名善于交际的社会活动家，凭借自己的交际才能，协调好班级关系，处理好与领导、同事、学生、家长以及社区等方方面面的关系，力争得到各方面的配合与支持，形成家庭、学校、社会教育的合力，发挥教育的整体功能和效应，促使班级管理质量不断提高。

高中生在成长过程中同时受到家庭、社会、学校各方压力的影响，从而容易引发多种心理障碍和心理疾病，主要表现为神经衰弱、抑郁症、精神分裂性变态等。而且这些心理问题一般都深藏在他们心底，来无影去无踪。这就要求班主任时时处处做有心人，善于从学生的眼神、表情、姿态、行为、兴趣甚至衣着等外部表现去透视其内心秘密和个性特征，特别要能及时发现班级中个别学生身上出现的典型特征，从而摸清他们的心理状况，及时加以疏导。可采用谈心、笔谈、网上交流等方式和有"问题"的学生进行沟通，努力做值得学生信赖的心理医生。

4. 班主任是学生言行的楷模

由于班主任是和学生接触最多的教师，他的一言一行、一举一动都会对学生产生强烈的潜移默化的作用，对规范学生的言行、举止及人生追求等都有着巨大的直接影响。班主任对学生的教育影响实质上也是教师人格影响学生人格的教育过程，这就要求班主任树立正确的社会主义核心价值观，不断加强自身师德修养，努力锤炼自己，使自己逐渐成为一名真正的

"人类灵魂的工程师"，以自身高尚的人格魅力与良好的师表形象去陶冶学生的心灵，做学生言行的楷模。

（二）班主任角色的转换

新课程改革对班主任提出了新的要求，班主任要树立以生为本的教育理念，要根据学生的不同情况适时适地转换自己的角色。

1. 由"偏爱型"走向"博爱型"

这里的"偏爱型"意指在传统班级管理中，班主任往往只喜欢学习成绩好的所谓"优等生"。其实，学习成绩也是相对的，因为学生个体存在差异，对于某个学生来说，90分是成绩好的标志；而对另一个学生来说，60分可能就是最大的成功，实际上并不存在所谓的"差生"。因而，在新课程理念下，做好班主任工作的首要条件是班主任必须转变观念，深入班级了解每一个学生，把爱播撒到全体学生身上，相信每个学生都有"才"，要善于挖掘学生的潜能，通过良好的教育和培养，使每个学生都能成才、成功。这是新课程理念下做好班主任工作的基础。

2. 由"专制型"走向"民主平等型"

传统意义上的师生关系往往是一种不平等的关系，教师往往是绝对权威，高高在上，学生对教师必须绝对服从。专制型班主任培养出来的学生固然守纪、顺从，但这些学生依赖性强、亦步亦趋，独立性差，缺乏主动性、创造性，更谈不上具备信息时代所要求的创新精神。新时代呼唤新型的民主平等的师生关系，班主任要树立班级的主体是学生、师生应共同管理班级、应尊重学生等基本理念。比如，在班干部的选择上，就要多听学生的意见，进行民主选举，因为相对于班主任自己定夺的方式，这种民主式的管理方式利大于弊。

3. 由"简单粗暴型"走向"细致耐心型"

在班级管理中，班主任要主动了解学生，了解学生所想、所做，要真诚地走进学生的内心世界，要尊重、爱护学生的自尊心。在没有了解事情真相前不要武断地下结论，尤其忌讳当着全体同学的面否定、奚落学生，因为这样做会引发学生内心的极大变化。班主任要关心、爱护每一个学生，主动与学生交流，在交流时要多一些亲和、少一些冷漠，多一些换位思考、少一些严厉指责；班主任要时刻考虑学生的心理特征和行为水平，考虑学生的想法和感受；在班级管理中要多表扬、少训斥，在鼓励与指导中培养学生的自我意识，增强学生的自信心，使每个学生都能轻松愉快地成长。这些都是新课程理念下做好班主任工作的必备素质。

4. 由"限制型"走向"开放型"

在传统的班级管理中，班主任往往要求学生这个"不能"、那个"不准"，经常用条条框框去限制学生。这种做法对于学生形成良好行为与矫正不良习惯能起到一定的积极作用，但有悖于新课改的理念，有悖于培养学生创造能力的宗旨。现代的学生独立意识、自主意识、叛逆意识都很强，班主任要善于从学生实际出发，着眼于未来，着眼于发展，善于拓展学生的潜能。对学生要宽容，不要把学生的失误看得太重，不要怕学生犯错误，要放手让学生去做，只有在实践中锻炼，学生才会成长。比如，学校召开运动会时，一部分准备工作可以让学生去做，这样既能培养学生的工作能力，又能培养学生的主人翁意识。

二、高中班主任素质结构

高中班主任的素质结构既是一个多维结构，又是一个多层次的结构。

从结构的维度看，高中班主任的素质要素包括思想政治素质、道德素质、科学文化素质、智能素质、教育能力素质、美育能力素质、心理素质和身体素质等。这其中的任何一个素质要素均与其他各个素质要素发生相互联系和作用，任何一个要素的质量发生变化都会引起它们之间关系的更新调整、重新组合，从而使高中班主任素质的整体功能和质量水平发生改变。如：提高思想政治素质对改善其他各方面素质会产生积极影响，促进班主任更自觉地把握其他素质的方向，更有效地发挥其他素质对整体的功能。又如：提高教育能力素质能促使其他素质的功能得到惟妙惟肖的发挥，把潜在的功能更好地转化为教育工作中的现实力量。再如：提高身体素质能保障其他诸种素质要素的活力，使高中班主任精力充沛地完成教育工作任务。

从高中班主任素质结构的层次性看，思想政治素质、道德素质、科学文化素质、智能素质、教育能力素质、心理素质、美育能力素质和身体素质等只构建了高中班主任素质系统的最高层面。这些素质要素实际上是高中班主任素质系统的子系统，这些子系统又分别由下一层面的若干要素组成。如：道德素质中的师德、家庭伦理道德、社会公德等；科学文化素质中的政治、中文、历史、外语、地理、数学、物理、化学、生物等；美育素质中的美术、音乐等。这种子系统的不断聚集，就构建了高中班主任的整个素质体系。

由此可见，高中班主任素质的整体功能及其质量水平，是由各要素的内容、质量水平以及结构决定的，体现了三方面相互作用的结果。因此，高中班主任要提高自己的素质，使良好的素质在教育工作中最大限度地发挥作用，既要努力提高素质要素的质量，又要积极改善自己的素质结构。

（一）高中班主任合理素质结构的基本特征

高中班主任的素质要素在内容上越广泛则越优越，在质量水平上越高则越好。不过，任何素质要素要达到完美无瑕、至高无上的境界是不现实的，关键是要形成一个合理的素质结构，结构越完整则越合理。所谓合理的素质结构，是指在适应社会主义核心价值观和学生需要的前提下，能发挥最大整体功能的结构。高中班主任合理的素质结构通常具有以下基本特征。

1. 素质要素在内容上要有全面性

高中班主任的素质要素包含多方面的内容，各要素在教育中发挥着不同的作用，它们的有机结合勾画出完整的素质体系。我们知道，各素质要素是既相互促进又相互制约的。如果缺乏某种素质要素，其他素质的作用就会受到严重干扰，素质的整体功能就会遭到破坏。高中班主任思想政治素质低就会使教育工作和其他素质的培养失去正确的方向；道德素质低就会失去为人师表的影响力，难以形成良好的教育环境和心理环境，甚至容易导致学生不良行为的滋生；科学文化素质低就难以发展学生智能和提高教育、教学工作的效果，不能促使学生个性的充分发展；身体素质差就很难完成教学和班主任工作。高中班主任素质要素的全面性是培养全面发展人才的基本条件之一，只有全面发展的高中班主任，才有全面发展的中学生。

2. 素质要与高中教育对象的培养目标保持一致

高中班主任的素质要与高中教育对象的培养目标保持一致，这是由教育目的所决定的。不论是教育的社会化功能还是个性化功能，都是为了培养社会所需要的、高质量的合格人才。高中班主任只有按照社会的要求来提高自己的各种素质，才能更好地造就符合社会需要的人，促进各类人才脱颖而出。而且，随着社会的不断发展，社会对高中班主任的素质不时地提出新的要求，高中班主任只有有意识地按照社会的要求完善自己的素质，才能满足教育工作的发展需要。何况，培养人的工作是一项长期坚持才能见效的工作，这就更需要高中班主任的素质领先一步，即具备未来人才的基本素质。随着电子技术的迅速发展，计算机在各个领域得到普遍应用，尤其在中学教育和教学以及各种管理工作中的应用，要求高中班主任必须学会电脑技术。在 21 世纪，一个不会使用计算机的高中班主任，将变成"科盲"。所以，无论从完善高中班主任素质结构，提高其综合素质能力的角度看，还是从 21 世纪中学培养目标的角度看，高中班主任学会电子计算机技术都十分重要。

满足中学生发展的需要是高中班主任工作的立足点，也是高中班主任工作绩效的具体体现。高中班主任从事的是培养人的工作，离开人的健康而充分的发展，就谈不上高中班主任工作的成果。只有高中班主任的素质与中学生的需要相适应，才能促进中学生更快更好地成长发展，良好的素质也因此才有用武之地。每个班级和每名同学都有自己独特的个性和风貌，都有不同的起点和要求，只有根据他们的特点因势利导地去塑造他们，才是最有效的教育方法。即使对培养学生符合社会规范的共性要求，也应当根据实际情况，采取不同的途径进行教育。这一切，都要求高中班主任从班级学生的实际出发完善自己的素质结构，以利于自己良好的素质在现实的教育工作中发挥更大的作用。一个班级的大多数学生有较高的绘画兴趣和天赋，那么这个班的班主任也应该有浓厚的美育兴趣、较高的审美能力，且最好有一定的绘画本领。这样，既有利于确立班主任在班级中的威信，又有利于学生的个性和才华得到培养发展，还有利于通过特殊途径来强化班集体的内聚力。因此，高中班主任的素质结构应该是班集体个性特征和追求的集中反映，而且是一种超前反映。

3. 素质要素之间要有和谐的协调性

素质要素之间的协调性包含两层意思：一是指素质的功能，即在教育中要显示出正向功能，这是定性的一面；二是指要素的质量水平，即差异程度不能过大，这是定量的一面。在教育过程中，尽管在不同场合，各素质要素的地位、作用以及表现方式有所不同，但各要素却联结成了一个有机整体，以合力的形式作用于受教育者。高中班主任在做后进生的思想、转化工作过程中，其思想政治素质、道德素质、智能素质、教育能力素质等都在对学生发生影响，只不过各要素影响学生的方式不同而已。如果某些要素不协调，就会降低教育效果。素质要素之间存在着既相互促进又相互制约的辩证关系，和谐的协调性有利于创设良好的教育环境和心理气氛，促使各素质要素的功能得到最大限度的发挥；不协调则会限制、阻碍某些良好要素在教育中应有的作用，甚至可能产生教育的负效应。从美育的角度看，协调与和谐是一种美，这也正是社会主义核心价值观所追求的理念。高中班主任素质要素之间的和谐性，会使学生在教育过程中得到美的体验、美的享受、美的陶冶，激发起他们对美的渴望和对美的追求。

高中班主任作为现实社会中的活生生的成员，他们的素质有自己的优势方面，同样也有不足方面。从教育理论的高度来分析高中班主任应具备的素质，以便其围绕这些素质要求不断提高和完善自己的素质结构，这是完全必要的。然而，我们面对的是现实中的班主任，他们的素质状况不可能总是处于人们所期望的理想状态，不可能达到完美无缺的境界。高中班主任的素质结构是一个动态结构，它应随着社会的进步而发展，随着所领导的班级的更迭而变化，处在永无止境的变化发展过程中。高中班主任各方面的素质有高有低，这为各素质要素之间的相互补偿提供了必要性。不过不同素质要素之间的补偿作用绝不是等同的，而是要建立在对教育都具有正向功能的基础上才有互补性。教育能力有所欠缺，可以用良好的思想政治素质、道德素质、科学文化素质、心理素质来补偿（但不是替代）。在教育过程中，学生并不奢望自己的班主任是一个毫无缺点的圣人，他们希望自己的班主任是一个感情充沛的、有血有肉的人物。因此，高中班主任发现自己某一方面素质不够理想时，除设法努力提高外，还必须善于发挥自己在其他方面的素质优势来弥补自己的不足。

4. 素质要有自己鲜明的优势和个性特征

高中班主任的素质应该像其外貌一样，各有各的特征，各有各的风格。所谓素质要有鲜明的个性特征，主要是指要有某一方面与众不同的特殊优势。诚然，高中班主任的素质有其共性的一面，否则就不能成为"班主任的素质"，但共性是针对高中班主任教育工作的基本要求而言的，它是对其素质最起码的要求。一旦超越一定的高度，他们就无法充分发展自己的个性，展现自己的才华，在广阔的素质修养的天地中自由驰骋。高中班主任素质方面的鲜明个性对教育工作具有积极意义。它既能帮助他们形成自己独特的教育风格，增强教育工作的魅力，又有利于学生个性的充分发展。

总之，高中班主任的素质客观存在层次性和个性，也常常会有个人的优势。但就其综合素质而言，思想政治素质与道德品质是首要的，要求每个高中班主任不可能完全一致，但绝不可为其素质中的弱项，至于其他的素质可允许有不同程度的差别，且在其综合素质中表现相对较弱的现实存在。因为，一个德育素质较弱的高中班主任是无法胜任其工作的。

（二）高中班主任素质提高的方法和途径

高中班主任的素质不是生来俱有的，而是在长期的教育实践中进行修养锻炼的结果。高中班主任素质的提高，一般是通过下列途径和方法实现的。

1. 认真学习

认真学习，是高中班主任提高素质的重要途径和方法。

我们有时到中学去，常常听到有些老师这样说："教了一辈子书，倒越来越觉得当不了现在学生的老师了。"这是为什么？因为生长在 21 世纪的中学生，不仅与 20 世纪五六十年代的学生差别很大，而且与七八十年代的学生也有许多不同，即便是 20 世纪 90 年代的学生，尤其是 90 年代初、中期的学生也不大一样，真是"年年岁岁花相似，岁岁年年人不同"。让学生再回到以前的状态是不可能的，也是不现实的。随着广播、电视、图书、杂志和报纸等传播媒介的日益发展，特别是计算机网络的高速发展，中学生每天获取的信息量甚至超过了老师。加之，新时代视野下的中学生视野开阔，思路敏捷，遇到问题穷追不舍，教师若只用简单说教去规范学生，学生是不买账的。当前，高中班主任工作面临许多困惑的课题，其中最主要的是：班主任工作如何跟上现代社会主义的步伐；班主任应该树立怎样的自身形象，才能赢得当代学生的信任和尊敬；班主任运用什么样的教育方式和方法，才能使班级工作收到实效；等等。要解决这些问题，最好的出路是学习，无论老班主任还是年轻的班主任都必须学习。

要学习专业知识和其他各门学科知识。高中班主任的根本职责是教学。高中班主任如教不好自己所担负的课，在学生中是不会有威信的，也就不会搞好班主任工作。因此，高中班主任在专业知识方面应更完整、更系统、更扎实。

高中班主任不仅应具有精深的学科知识，而且应具备广博的其他各门学科的知识，具有广泛的文化素养和兴趣爱好。这既是教学的需要，也是班主任做好"人"的工作的需要。马卡连柯曾经说过："学生可以原谅教师的严厉、刻板甚至吹毛求疵，但不能原谅他的不学无术。"此话很有启发性。21 世纪的学生思路开阔，求知欲强，追求真理，追求新知，这些都为实现中国梦的伟大梦想打下坚实基础。

要学习教育理论。高中班主任工作是有规律可循的，按照规律方可行事。抛弃规律去盲干，就会事倍功半，甚至徒劳无益。高中班主任要按规律去工作，这就要学习教育理论。从某种意义上说，是否掌握教育理论，将决定班主任整个工作的成败。目前有一种现象是不利于搞好班主任工作的，那就是许多老师（包括师范毕业的）当了班主任后，其管理和教育技能的获得主要靠对自己当年班主任的模仿，对同行的直接观察，以及亲身实践摸索。这样年复一年，就形成了自己的思维定式，进而认为"什么人都可以当班主任"，却更加忽视对教育科学理论的学习和技能训练。我们的工作不能停留在经验水平上，要运用教育理论武装自己，努力按规律办事。只有这样，才能以最经济的时间、最合理的方法，高效率地做好工作。

要学习、借鉴他人的经验。努力学习还包括学习、借鉴他人的经验。"他山之石，可以攻玉。"借鉴人家的经验，首先应从本地、本校开始。有的同志有一种偏见，总认为"远方的和尚会念经"，常常是"墙内开花墙外红"，看不起自己本地的经验，这是不正确的。因为本校、本地的经验比较接近自己的实际，容易学、用得上。

2. 勤于实践

高中班主任工作是一项责任重大、困难复杂的工作。指导学生学好功课，提高学习成绩必须付出艰苦的劳动。培养学生高尚的品德情操，也要付出很多的心血。理论学得再多，不运用于实践，是无济于事的，袖手旁观，只说不做，眼高手低，也是不会有任何成就的。我们的时代崇尚实干精神，凡是有所作为的高中班主任，都是务实的，贵在能真抓实干，坚持不懈，几十年如一日。中学生尊敬的是埋头苦干的班主任，他们的心灵是最灵敏的天平，谁在他们成长上付出了艰苦的劳动，谁就会在他们心目中占有位置，享有威信。

勤于实践，不仅要肯实践，敢实践，多实践，更重要的是要在实践中勤于思考问题，要有运筹帷幄的本领，加强工作的计划性和预见性。对每项工作都要有明确的目的，精心设计，有步骤地实施。

高中班主任工作的对象是人，人的工作是世间最有意义的工作，因为人的可变量是无限的，因为人的发展潜力是无法估测的。然而，人的工作也是最难做的，因为人的意识具有独立性和变化性，况且每个人的个性都是鲜明的。因此，高中班主任应勤于实践，不能按照一个模式去铸造人，要有雕刻家的匠心。要按照每个学生的不同特点，有目的、有计划，耐心而无私地去雕琢。雕刻家的刀可以把一般人以为不能成材的东西变成稀世珍品，也可以把一块绝好的材料变成废物。高中班主任也是如此。"实践出真知"，任何高超的教育艺术和技巧，都需通过实践才能掌握，在掌握中千锤百炼，才会变得炉火纯青。

3. 善于总结

高中班主任都是教育艺术家，他们不是工匠。因此，他们不仅要勤于实践，还要善于实践，还要善于总结，要不断地把自己的工作经验上升为理论。我们许多高中班主任工作做了不少，辛辛苦苦，有的干了一辈子，零碎的经验也不少，但如同"黑瞎子掰苞米，掰一个丢一个"。有的高中班主任从血气方刚干到两鬓斑白，不仅没有论文、著作，而且连一篇像样的总结也没有，这不能不说是一件憾事。加里宁认为："教师"这一词如按广义解释，是指有威望的、明智的、对人们有巨大影响的人。这种"巨大影响"往往是"述而且作"，为教育、为社会留下精神财富的反映。例如瑞士教育家裴斯泰洛齐就是在长期从事的孤儿院和中小学教育中，创立了著名的初等教育各门学科的教育方法。又如著名教育家马卡连柯，他也是在长期从事流浪儿童教育中创立了一整套对流浪儿童改造、教育的理论与思想。我们欣喜地看到在我国教育战线上也涌现出许许多多班主任的杰出代表：如全国优秀班主任魏书生先后发表论文近百篇，出版了《魏书生教育方法 100 例》等专著；又如全国优秀班主任金熙寅把自己从 25 岁起开始当班主任的亲身经验写出专著《班主任书简》。由此可见，大凡有所作为，必定有所成就。大凡有所成就的高中班主任，他都不仅是一个"教书匠"，同时必定是一位教育研究家。所以要想扎扎实实地积聚教育能量，锤炼教育艺术，要想踏踏实实地贡献自己的教育才华，就得善于总结自己的教育、教学经验，并在此基础上，在自己专攻的领域内，纵横开拓，深入研究，不断将实践经验升华为规律性的认识，并大胆提炼自己的"一家之言"，撰文立说，以获得更广泛、久远的社会影响。

"功夫不负有心人"，只要努力学习、勤于实践、善于总结，加强自身的修养，每个高中班主任都有可能成为教育艺术家，以其进步的思想、高尚的品德、丰富的学识、多才多艺，在学生心中树立光辉形象，获得令人尊敬的威信。

第三节　高中班主任教育管理工作的任务与原则

一、高中班主任教育管理工作的任务

在校高中生是当代青少年中最具代表性的主体，在高中进行学生教育管理工作要特别注意方式方法，要用他们能接受的方式方法，且符合当代社会主义核心价值观的要求。

（一）培养高尚的高中生

对高中生进行思想品德教育是高中班主任的重要任务，基本要求就是把高中生培养成一个品德高尚的人。这一任务可以分解成五个方面的教育内容。

1. 价值观教育

价值观是指人们关于基本价值的立场、取向、态度等。对于高中生而言，价值观实质上是一种内心的尺度，支配着高中生的行为、态度、信念等，支配着高中生认识世界、明白事物对自己的意义和自我了解、自我定向、自我设计等，也为高中生实践正当的行为提供了充足的理由或方法论。高中班主任首先应该帮助高中生建立一个正确的、理性的价值观系统，以指导高中生未来的健康发展。对高中生的价值观系统的建构主要包括：社会价值观的建构，培养高中生对集体和他人的正确认识和科学态度；政治价值观的建构，培养高中生对权力和地位的正确认识和科学态度；理性价值观的建构，培养高中生对知识和真理的正确认识和科学态度；审美价值观的建构，培养高中生对色彩和形体的正确认识和科学态度；经济价值观的建构，培养高中生对效率和收益的正确认识和科学态度；宗教价值观的建构，培养高中生对信仰和追求的正确认识和科学态度。

2. 爱国主义教育

爱国主义不仅是一种感情，还是一种思想、一种精神。爱国主义应当是热爱自己的祖国，具有为祖国的繁荣、富强、独立而献身的精神。总的来说，对高中生进行爱国主义教育，就是为了树立社会主义核心价值观，实现中华民族伟大复兴。

对于高中生的爱国主义教育，内容主要包括：民族自豪感的培养，就是培养高中生为自己伟大的民族而感到光荣和自豪的精神；民族自信心的培养，就是培养高中生充分相信自己民族必然越来越强盛的信念；国家独立和主权完整意识的培养，就是培养高中生在外敌入侵的时候，奋起保卫祖国的精神；民族团结和国家统一意识的培养，就是培养高中生维护民族团结和祖国统一的精神；国家进步和富强意识的培养，就是培养高中生为了祖国的繁荣富强，努力创造物质财富和精神财富的精神。

3. 集体主义教育

集体主义就是主张个人从属于社会，个人利益应当服从集团、民族、阶级和国家利益的一种精神。对于高中生进行集体主义教育就是要使高中生的言论和行动在获得自身利益的前提下，还要符合班级群体的利益，由此而延伸，让高中生意识到自己利益的取得还要符合广大人民群众的利益。对于高中生而言，集体主义教育的内容包括：培养高中生把集体利益放在首位，主动为集体尽义务，努力做到个人服从集体，小局服从大局，局部服从整体；在保证集体利益的前提下，把国家利益、集体利益和个人利益有机结合起来，保证个人的正当利益，保证个人才能充分发挥。

4. 道德教育

道德是调整人与人之间以及个人与社会之间行为规范的总和。这里的行为规范是指人们为了维护群体成员的共同利益、协调彼此关系产生的一些约定俗成、调节个人行为的准则。

对于高中生的道德教育应当包括：社会公德教育，以培养高中生爱祖国、爱人民、爱劳动、爱科学、爱社会主义的精神，并倡导高中生形成团结互助、平等友爱、共同进步的人际关系；职业道德教育，主要是培养高中生具备热爱自己选择的岗位、忠于职守、秉公办事等敬业精神；家庭美德教育，主要是培养高中生尊老爱幼、孝敬父母等意识。

5. 法制教育

法制就是法律和制度，它包含两方面：一是法律和制度；二是执行和遵守法律制度的行为。

对于高中生的法制教育，内容主要包括：法制意识的培养，主要是教育高中生意识到法制的存在和法制对社会秩序的作用等；熟悉法律常识，主要是让高中生明白生活中常见的法律问题；使用法律武器，主要是培养高中生在了解法律常识后不触犯法律，还会运用法律来保护自己，并与违法行为做斗争。

（二）培养会学习的高中生

高中生的主要任务是学习，不断提高自己，高中班主任应该加强对高中生学习策略的辅导，使高中生成为一个会学习的人。高中班主任对学生学习策略的辅导主要包括三个方面的内容。

1. 端正学习目的与学习态度

学习目的是学生进行学习活动所期望达到的结果。学习目的的教育主要包括培养学生为祖国富强而学习的理想和抱负；根据学生的实际情况确立不同层次的学习目标。升学指导也是学习指导，但主要是对高年级学生的指导。端正学习目的的重要内容还包括让高中生正确对待升学考试，教育学生正确对待升学，指导学生全面系统复习；指导和帮助学生了解报考门类专业知识、考场知识、考试心理调适知识等；针对录取学生和落榜学生的情况，引导他们填写升学志愿、进行人生规划以及对考试失意的学生进行心理调节等。

端正学习态度。班主任要在教育学生明确学习目的的基础上，帮助学生树立严肃认真、一丝不苟的学习态度；教育学生树立勤奋好学、踏实求精的学习态度；教育学生树立刻苦钻研、勤于思考的学习态度。

2. 激发学习兴趣与学习动机

学习兴趣是学生对学习活动或学习对象的一种希望认识或趋近的倾向。培养学生的学习兴趣，应该做好以下工作：采用适合学生特点的学习方法吸引学生；指导学生参加课外活动，并使其有所收获；培养广泛兴趣；等等。

学习动机是影响学生学习活动的重要因素，它不仅影响学习的发生，而且影响学习进程和学习结果。因此，培养和激发学生的学习动机成为人们日益关注的问题。激发学生的学习动机可以从以下几个方面进行：向学生提出具体而明确的学习目标；注意教师自身教学内容和方法的新颖性；创设学习问题的情境，启发学生思维；适当地开展学习竞赛活动；利用学生已有学习成果的反馈对学生的学习进行正确评价；等等。

3. 掌握学习方法

学习方法是指学生在学习过程中采用的手段和方式。学习方法是否科学，直接影响着学习效果。在对学生学习方法的指导上，教师应该注意：其一，指导学生自觉按照学习进程的基本环节进行学习，学生的学习过程由预习、听课、复习、作业和系统小结五个基本环节组成；其二，指导学生合理安排学习时间，科学用脑，养成良好的学习习惯；其三，引导学生根据学科特点以及自身的学习状况，采取相应的学习方法。

学习方法也包括让高中生学会制订学习计划。制订学习计划可以减少学习上的盲目性，提高自觉性、主动性和积极性，养成良好的学习习惯。班主任指导学生制订学习计划，应做好以下工作：提高学生学习上的计划意识；对学生的计划决策进行指导；帮助学生不断总结检查学习计划的执行情况。另外，要加强对学生的自学能力的培养。学生的自学能力是在教师的指导下，在自学活动中形成的独立学习、独立探索和独立获取知识、更新知识的最基本的能力。班主任应从学生实际出发，因人而异，引导学生掌握学习活动的特点和规律；结合教学内容传授学习方法；指导学生私下交流学习经验；等等。

（三）培养幸福生活的高中生

班主任对高中生个人生活辅导的根本目的是培养会幸福生活的高中生。内容包括帮助学生正确认识人生的意义和价值，培养积极向上的生活态度；指导学生正确处理家庭关系，尊重和体谅父母，能分担父母的忧愁，与父母同享快乐；指导学生正确对待男女同学之间的友谊和爱情；指导学生料理日常生活，培养自我保护能力；等等。

1. 积极的生活态度的辅导

班主任的重要任务是将正确的价值引导蕴含在鲜活的生活之中，注重课内课外相结合，鼓励学生在实践中积极探究和体验，通过道德践行促进思想品德的形成与发展，指导学生在这个过程中正确认识人生的意义和价值，培养积极向上的生活态度。

2. 科学处理家庭关系的辅导

学生在成长的过程中离不开家庭的影响，父母是孩子的第一任老师，家庭教育对于一个人的成长具有不可替代的作用。在现实生活中，不少家庭有各式各样的矛盾和冲突，比较突出的问题就出在亲情关系的处理上。不少家庭中亲情关系紧张，子女与父母、长辈之间的冲突时有发生，冲突的原因多数是学业、交友、对长辈不尊重、生活习惯等。指导学生处理好个体独立性与家庭和谐性的关系，建立良好的亲情关系，这对于建立现代家庭伦理是至关重要的，也是学生成长过程中必须学会的一项重要内容。尊重亲人、平等相处、履行义务、承担责任，是对学生进行家庭关系指导的主要内容。

3. 健康的物质生活的辅导

物质生活，主要体现在学生的住宿、饮食等生活环境、生活服务和生活质量诸方面。它既是学生身心健康的基本保证，也是育人环境。教师的爱不仅是学习上的诲人不倦，更应有生活上的关心、爱护、体贴、照顾。因此，班主任要对学生的物质生活方面的内容给予关心帮助与指导，增强学生的自我保护意识，提高学生的生存能力。班主任要关心学生在校生活情况，如饮食、起居、卫生，特别是安全，引导学生建立严谨、健康的生活习惯，这也是保证学生身心健康、今后独立生活的基础。

4. 充实的闲暇生活的辅导

帮助中学生合理安排和利用闲暇时间，包括进行课外阅读、文体活动、创造性活动、欣赏活动和正当有益的趣味性活动、家务劳动等。闲暇时间的增加，一方面为高中生个性的充分、自由发展提供了条件；另一方面，如果利用不当，反而会带来一些消极的影响。因此，如何引导广大中小学生有价值地利用闲暇时间，提高闲暇生活的质量，便成了一个迫切需要解决的问题。高中班主任应通过闲暇教育，帮助广大高中生树立科学的价值观念，并且在符合个性需要的前提下，向他们传授一些利用闲暇时间的技能与技巧，使他们逐渐掌握一些交际技能、文艺技能、体育技能、旅游技能和鉴赏技能等，满足他们精神上的发展和享受需要，从而使其个性得以充分自由的发展，成为一个有理想、有道德、有文化、有纪律的精力充沛、生活愉快的社会公民。

（五）培养能把握自己的高中生

一个人要实现自我，达到自己的理想状态，活出精彩美好的人生，就要拟订自己的人生规划，只有把人生规划好才能做一个对社会有贡献的人。而对于高中生的人生规划指导，应把重点放在规划生活（尤其是高中生活)、规划学习上，还要适当设计日后的成长。高中生人生规划辅导的重点应放在教会他们如何规划人生上。

1. 高中生人生规划的重点

生活规划。生活规划包括婚姻、家庭生活、人际关系、时间管理、消费理财等内容。这些内容和高中班主任的其他教育任务有交叉的地方，但是，对于高中生而言，规划的重点应放在学习生活的谋划上。

学习规划。主要包括各学习阶段规划。如把学习划分为中学、大学、职业进修、自我学习、短期学习、专业精修、其他学习等各个学习阶段，并制定出各阶段要达到的学习目标、具体开展的方法及实施细则等。

工作规划。工作规划就是职业生涯设计。所谓职业生涯设计，即依据自身的条件及所处的环境，确定一生的职业理想目标，并根据这一目标来进行相关努力。它包括职业选择、尽职尽责、精益求精、工作乐趣、舒解压力、追求创新等。高中生的职业生涯设计关系着其未来发展方向，迫切希望得到科学有效的咨询与指导。

2. 高中生人生规划的方法

制订人生规划的方法有多种，如方向、目标的系统决策法，人生总流程的具体设计法，信息反馈调控法等。各种方法都具有自身的特点和优势，但万变不离其宗，大致可以分为四个方面的内容。

自我认知。人生规划的前提是要了解自己，因此，班主任要帮助学生做好自我认知。自我认知可以是自己认识，也可以通过别人的帮助来认识，便于在今后的生活中扬长避短，在新的选择面前，做出更适合自己的决策。自知是个不断加深的过程，越早了解自己，人生的发展也就越顺利。

明确目标。即思索和确定日后为之奋斗的人生价值追求。遵循人生规律，按照完整及清晰的原则，划分人生各阶段的大体方向、核心内容及阶段目标。

目标分层。在这一步骤，应注意目标的时间限制要逐步细化，具体到年、月、日，尽可能详细。

调整目标。生活是动态的发展过程，人生目标的确定往往是基于特定的社会环境和条件的，并且这些环境和条件总在变化，确定了目标也应该随之做出修改和更新。

二、高中班主任教育管理工作的原则

作为优秀教师、教务管理员和生活指导员的班主任，其工作涉及的范围可谓大矣，其承担的责任可谓重矣。班主任在教育管理工作中应贯彻社会主义核心价值观原则，在实现中华民族伟大复兴的道路上学生将成为社会后备力量。那么在工作中，班主任可以运用哪些原则来工作呢？

（一）学生主体原则

所谓学生主体原则是指学生是认识的主体，是自我发展的主体。班主任要搞好工作，就应该把学生当作教育过程的主体、当作教育过程的重心，充分尊重并努力发挥学生的主体作用，只有真正调动学生的积极性，一切工作才会真正地起作用。

（二）民主平等原则

民主平等原则是指班主任在工作过程中要认识到教师与学生在人格和社会地位上是平等的，在班级管理中要尽量尊重学生、信任学生。班主任只有按照民主平等的原则处理师生关系，才有利于班级管理工作。

（三）公平公正原则

这项原则指班主任在工作中，要公平合理地对待班上的每一个学生，不论成绩好坏等都不能偏心，要一视同仁。如果班主任在工作过程中对学生有所偏爱，将会使学生产生自满，被漠视的学生就会产生心理不平衡，从而使师生关系紧张，产生对立等。

（四）启发疏导原则

这一原则是指班主任在教育学生时，要循循善诱，以理服人。从学生的发展来看，他们正处于思想认识、意志情感等各方面迅速发展的时期，他们对许多事情充满好奇，但由于经验不足，他们对人和事的看法比较幼稚，出现一些思想偏差也是正常的，教师不能一味地予以惩罚，因为这样会损伤他们的上进心。班主任应对他们进行引导，提高他们的认识。

（五）以身作则原则

以身作则原则就是指班主任在工作中要严格要求自己，率先垂范，要求学生做到的自己先要做到。因为学生具有强烈的向师性。著名教育家孔子就说过"其身正，不令而从；其身不正，虽令不从"，而他本人在教育中就真正做到了以身示范，成了教育史上的一位典范。

(六) 因材施教原则

这项原则指班主任在工作中，要从学生身心发展的实际情况出发，根据他们的年龄特征、个别差异进行不同的教育。班主任在工作中要达到好的教育效果，就必须考虑这些差异，有针对性地进行教育。对优秀学生的教育不同于对后进生的教育，对男生的教育不同于对女生的教育。只有尊重差异，才能促进学生的发展与进步。

第二章 "以人为本"理念下高中班主任班级管理研究

第一节 "以人为本"理念基本概述

一、"以人为本"理念解读

"以人为本"是哲学价值论的概念,"本"是"根本"的本。"以人为本"说明,在我们的现实生活中,人是最重要的,人是最根本的。在不同的历史条件下和不同的历史时期,人们对以人为本的内涵有着不同的解读。"以人为本"的思想早已存在,最早可以追溯到古希腊时期苏格拉底的名言"认识你自己",以及普罗泰戈拉的哲学命题"人是万物的尺度"。

在我国古代,"以人为本"思想也较为丰富,提法也较多。强调人贵于物——"天地万物,唯人为贵";强调以民为本——"民为贵,君为轻,社稷次之"。《管子霸言》篇中提出了"以人为本"的概念:"夫霸王之所以始也。以人为本,本治则国固,本乱则国危。"我国历史上的民本主义有历史的局限性和阶级的局限性,它的最终目的是统治人,把人本看成是手段而不是目的。传统文化中的民本思想的实质是君临天下,君高于民,君是目的,民是手段,民只有维护君的利益,才有存在的意义。

在欧洲的中世纪,由于教会势力极其强大,他们大肆宣扬和夸大神的作用,强调人只是神的附属品和工具。从文艺复兴时期开始,西方的人文主义者对神的力量与作用开始产生怀疑,并发展到持否定态度,从而开始反对神权,主张用人性去反对神性,用人权去反对神权,强调人权高于神权,人道高于神道,人的价值高于上帝的价值,形成了人本主义思潮。

中国根据当今社会的发展和需要,适时提出了"以人为本"的理念。从理论上讲,这是一个巨大的创新;从内容上看,与西方近代和中国古代的人本主义思想、民本思想则有着本质区别。

中国共产党提出的以人为本理念是科学发展的本质和核心,我们不能把"坚持以人为本"孤立地来看待,必须与"树立全面、协调、可持续的发展观"作为一个整体来把握。坚持以谁为本、坚持以什么为本，这是不同发展理念的重要区别之一。"以人为本"是科学发展理念的基本价值取向。中国共产党提出的"以人为本"，其内容是一切为了人，一切为了人民群众；一切依靠人，一切依靠人民群众。解决了为什么发展、发展为了谁的问题。解决了怎样发展、发展依靠谁的问题。以人为本不是以某个人为本，也不是以某个小集团及其利益为本，也不是以某个领导干部为本，而是以最广大的人民群众及其根本利益为本，要全心全意地为人民服务，做人民群众的公仆。

以人为本，肯定了社会历史发展中人的主体地位与作用，把人放在了一个新的高度，它是在新的历史时期的一种价值取向，也是一种新的思维方式。就是在分析和解决一切问题时，既要坚持历史的尺度，也要坚持人的尺度。以人为本，就是要把人民的利益作为最高标准，不断满足人们日益增长的物质文化生活和精神文化生活的需求，促进人的全面发展。在经济发展过程中，不能忽视人的发展。人民创造了历史，人民是社会发展的动力。要加快社会文明程度的发展，就要以人为本，就要尊重人、保障人权；就要不断提高人们的思想政治觉悟、科学文化素质和健康水平；就要创造人们平等发展的机会；就要营造充分发挥人们聪明才智的社会环境。

二、"以人为本"理念的提出

"以人为本"的思想可谓源远流长。在中国，早在春秋时期就对此有了明确的记载。在西方，人本主义思想的诞生可以追溯到古希腊时期。

我国"以人为本"理念的形成一方面源于西方人本管理理论的引入，另一方面源于传统的"民本"思想的传承，但更主要的是因为改革开放以后人们思想的解放。人们对人的主体作用、社会价值和思维方式的认识开始理性回归。"以人为本"从经济到科技、教育，直至成为我们党新的执政理念，成为我们各项工作的指导思想，包括三个层次的内涵：首先，它是一种对人在社会历史发展中的作用和主体地位的肯定；其次，就当前中国来讲，它是一种立足于解放人、为了人并实现人的现代化的价值取向；最后，它是一种思维方式，它要求我们在分析、思考和解决一切问题时，要确立起人性化的尺度，实行人性化服务。

"以人为本"的教育观提出后，在我国教育界引起了强烈反响。尽管教育界对"以人为本"的理论支点、核心内容、关注重点、途径和方法等方面观点不尽相同，但仁者见仁、智者见智，就"以人为本"的教育原则来说，它要求教育必须增强学生的主体意识，提升学生的主体地位，改革传统的教育模式，这已经达成了广泛共识。有学者在论述"以人为本"教育理念的内涵时指出，"以人为本"是现代教育哲学观，是现代教育价值观的核心，是现代实施素质教育的重大抉择。也有学者认为，树立"以人为本"教育理念的根本目的在于促进学生的全面发展，而德才兼备是全面发展的标准，道德价值是全面发展的内涵，非智力因素是全面发展的主导，人文教育是全面发展的底蕴，个性发展是全面发展的核心。"以人为本"是现代教育的价值理想和思维原则，是对人性的不断唤醒和尊重。真正的教育是以人为本的教育，它让人去体验美好、体验快乐、体验成功，培养积极的人生态度、鲜明的价值判断力。

三、"以人为本"理念的理论基础

（一）罗杰斯的人本主义教育理论

卡尔·罗杰斯是当代美国著名的人本主义心理学家和教育改革家，他首创非指导性治疗，强调人具备自我调整以恢复心理健康的能力，引起了当代国际教育界的关注。并且，他认为真正有意义的心理学应该研究人的基本思想和情感，"尤其是他特别重视情感因素，对教师与学生角色扮演的重新定位，惨淡经营的人际关系学说，更让人瞩目"。

首先，他对人性持乐观肯定的态度，批判行为主义以及心理分析理论对人性做出的机械、悲观的解释，认为每个人都本能地具有朝着有利于个体潜力充分发挥的方向发展的内在动力或趋向。因此，人性是积极的。

其次，罗杰斯的人本主义心理学强调人的自主性，虽然人本主义心理学家承认社会以及无意识力量对人行为的影响，但他们强调，人的行为是有目的、有意识的，个人的价值与目的是决定人行为的重要力量。

最后，罗杰斯的人本主义自始至终把人的尊严和自由放在核心位置上，认为"生活的目的就是用你的人生去实现你所信仰的事情，无论是自我发展还是别的价值"，因此，促进人的"自我实现"是人本主义心理学最根本的目的。

罗杰斯认为传统教育的主要特征是"指导性"，他提倡的"非指导性"则注重学生的情感、个性发展，这与我国教育理论界倡导的"主导—主体"教学思想颇有相似之处。"非指导性"具有以下四个特征：第一，极大地依赖于个体成长、健康与适应的内驱力，因此要竭力搬掉各种有碍于个体或学生发展和成长的障碍；第二，更加强调情感因素，强调情境的情感方面而非理智方面，因此，要尽可能直接"进入"学生的情感世界，而不是借助理性的方法去干预或重组学生的情感；第三，更强调学生此时此刻的情形，而不是他们的过去；第四，更加强调本身就能促进学生经验生长的人际接触和人际关系。这些特征大大提升了人的主体地位，强调对立人格的真正确立。这就要求我们在教育中既要注重发挥教育者的主导作用，又要注重发挥教育对象的能动作用，将教育与自我教育有机地统一起来。

（二）马克思主义"以人为本"的哲学思想

1. 以"现实的个人"为前提的新唯物史观

马克思在确立新的哲学世界观时，扬弃了费尔巴哈人本主义的异化逻辑和关于人的抽象思辨。马克思认为："人的本质不是单个人所固有的抽象物，在其现实性上，他是一切社会关系的总和。"循着这条路径，在《德意志意识形态》中，马克思把"现实的个人"作为创立的唯物史观的基本前提。"现实的个人"这一新的哲学范畴的提出，为历史唯物主义找到了逻辑起点。

"现实的个人"是由历史性时间所规定的，是处在一定社会历史条件和一定社会关系中从事生产实践活动的人。作为一种历史性结构关系，"现实的个人"具有多重规定性：现实的个人首先是"有生命的个人的存在"，是自然存在物，这是第一重规定性。人作为自然的存在物，它总是同一定的自然环境相关联的，因此"第一个需要确认的事实就是这些个人的组织以及由此产生的个人对其他自然的关系"。人作为自然的存在物，他与自然互为对象性，作为主体的人的对象活动，使自然界"人化"，生产出属于人的自然——"人化自然"。在这里，马克思与费尔巴哈表现出本质上的差异。费尔巴哈把人变成了纯粹由自然情感规定的人，而不知道人的自然情感总是同生活过程相关联，在不同的社会道德情感中具有不同的内容，因而陷入"爱的宗教"之中。恩格斯指出：在费尔巴哈那里，随时随地都是一个创造奇迹的神，可以帮助人们克服实际生活中的一切困难，而且这是一个分裂为利益直接对立的阶级社会。这样一来，他的哲学中的最后一点革命性也就消失了。劳动使人从自然界分化出来，劳动也把人与动物区别开来，因而，个人是什么样的，这取决于他们所处的物质条件。

唯物史观超越了费尔巴哈人本主义及其他的人本主义，越过了把"抽象的个人"、抽象的人性作为出发点的资产阶级人本主义哲学，找到了科学说明社会历史的新出发点,科学地说明了人的本质,揭示了人类社会发展的客观规律,科学地阐明了以人为本思想的理论真谛。

2. 人民群众的社会历史主体地位

马克思的唯物史观第一次把以人为本的思想置于科学的基础之上,为我们在革命和建设实践中真正坚持"以人为本"提供了理论指导。历史唯物主义认为,人都是处在一定社会关系之中,"以人为本"必须从"现实的人"出发。在当代中国,"现实的人"就是人民群众,这是历史唯物主义在当下的话语转换。这就是说,历史唯物主义视野中的"以人为本"是以人民群众为本,人民群众是"以人为本"的"人本"实质。

社会主义核心价值观始终坚持群众路线和中国梦思想,人民群众在社会发展中的历史主体地位,体现了人民群众的主体性。在《关于费尔巴哈的提纲》中,马克思集中论述了主体性的思想,他指出:"从前的一切唯物主义包括费尔巴哈的唯物主义的主要缺点是:对象、现实、感性,只是从客体的或者直观的形式去理解,而不是把它们当作人的感性活动,当作实践去理解,不是从主体方面去理解。因此,结果竟然是这样,和唯物主义相反,唯心主义却发展了能动的方面,但只是抽象的发展了,因为唯心主义当然是不知道现实的、感性的活动本身的。"把"对象、现实、感性""当作人的感性活动,当作实践去理解",并不是不注重客体,人民群众的生产实践在任何水平上都是客体尺度与人的内在尺度的统一。在实践中,人民群众一方面必须按照客体的尺度,按照客观规律办事;另一方面,要发挥自己的主观能动性,按照自己的价值尺度、自己的需要和能力改造客体,使客体成为对人有用之物。

从"抽象的个人"到"现实的个人"再到"人民群众"的跃迁,彰显了马克思主义的"以人为本"产生、发展和深化的理论发展轨迹,马克思主义的"以人为本"思想不仅是马克思主义社会批判理论的基石,也是社会主义社会建设实践的指导性思想,也是我们坚持以人为本的理论基础。

(三) 和谐沟通理论

和谐沟通理论是著名临床心理学家高尔顿于 20 世纪 70 年代提出的教师训练理论在课堂管理中的应用。它以罗杰斯提出的"儿童天生具有理性潜能,理性潜能要在温暖、接纳、支持的环境中才能发展,对于问题可以通过语言沟通达到合理解决"等理论基础。观点是:真正有效的管理来源于学生个人发自内心的自制。在课堂管理中,教师应该保持一种接纳、支持的态度，与学生和谐沟通，这样就能由外向内地培养学生的自制行为和责任感，就能通过学生自己去寻求答案和解决问题。教师应更多地通过其人格的力量来影响学生，最忌讳运用其权力去压制或处罚学生、强迫学生顺从。高尔顿指出，"从社会观点看，我们要扬弃动辄使用权力权威的方式，而需找出并教育人们运用其他更有效的方式，以培植人的勇气、自主和自律。如果想以权威控制为手段，使人遵命屈从，而完全不顾他人的是非观念，就必然会引起反抗""当你放弃使用权力去控制别人时，你对他们的影响力就会随之增加""而权力使用越多，实际的影响就会越少"。同时，"如果学生的生活长期受到处罚的威胁，就很难有机会学习承担其行为的责任，其发展就会被锁定在婴儿期，不可能真正长大"。因此，教师应该建立起专家的权威、职位的权威和合约的权威，而不是权力的权威，这样才能营造一种支持性而非批判性的教育教学情境，才能激发学生表达面临的问题及其内心感受，也才能使双方实现有效沟通以促进学生养成自制、自强、合作与负责等良好习性，并根据此观点建立相应的解决问题模式。

（四）因材施教理论

因材施教作为"以人为本"教育观的另一个理论基础，它是指针对学生的个体情况进行教育教学。我国古代教育家孔子提倡了解学生的个性，并针对个性不同的学生进行不同的教育，从理论研究与实践检验等不同的角度使我们清楚地认识到，个体间差异的存在是客观事实。同时，个体内部不同智能之间也存在差异，一些人在某一方面具有天赋，另一些人则有其他方面的天资。

依据因材施教理论，教学者和管理者应"正视差异，善待差异"，深入了解"难管"或有困难的学生，研究他们，熟悉他们的特点和性格，有的放矢地实施个性化教育和管理，使整个课堂在自己的掌控之中，实现所有人都能得到适合自己充分发展的教育理念，也能使每个学生真正有效参与到课堂教学中，使其全面发展。管理者要照顾到每个学生的个性，对课堂行为有问题的学生，采取不同的管理方式，这就需要管理者进行充分的备课，制订好教学计划，安排好每个教学环节，充分利用课堂资源，为整个教学提供一个良好、有效的课堂氛围。

五、坚持以人为本的理念

随着现代教育的发展和教育改革的深入，以人为本的学生管理将最终取代传统的学生管理，这是学生管理改革和发展的必然趋势。人是管理中的首要要素，因而，提高人的素质、调动人的积极性、促进人的全面发展是提高管理效果的关键。坚持以人为本，不仅在人类思想发展史上具有重要的理论价值，更应成为当今高中新的办学理念。

（一）什么是以人为本的管理

以人为本的管理模式就是以人为中心，在确立学生主体地位的基础上，围绕调动学生的主动性、积极性和创造性来开展一切管理活动，这种管理模式是高中生管理模式发展的必然走向。以人为本的学生管理工作理念，就是要以人为出发点，充分尊重学生作为人的价值和尊严，充分尊重学生的人格、个性、利益、需要、知识兴趣、爱好，力促学生全面发展，健康成才，并能可持续发展。这意味着要从那种把对人的投资视为"经济性投资"的立场转变为"全面发展性投资"的立场。以人为本的管理在处理人与组织的关系时，并不否定和排斥组织目标，而是把人的自我发展和自我完善作为组织目标的组成部分。在对高中生的管理中坚持以人为本的管理思想，就是指高中生管理工作必须以调动学生的积极性、做好学生的工作为根本。具体而言，就是要在高中生管理过程中坚持把教育和管理的对象——所有学生作为全心全意为之服务的主体。树立"以人为本"的高中生管理理念，营造良好的服务氛围，对学生具有潜移默化的作用。从教学到行政管理，从学生学习到后勤服务，都要不断深化教育改革，转变教育观念，转变过去以学校为主体、以教育者为核心的工作思路和工作方式，变管理为服务，树立一切工作都是为了学生的健康成长的管理理念。以人为本的高中生管理就是以学生的发展为高中工作的出发点和落脚点，一切为了学生，促使高中生德、智、体、美全面发展。具体而言，就是要理解学生，尊重学生，服务学生，信任学生。

（二）实现以人为本的管理模式的必然性

高中是为高等院校和社会输送人才的重要阵地，始终担负着为社会培养高素质的建设者和接班人的神圣使命。高中生管理工作与学校的其他工作目标是一致的，都是为社会培养人才。在现行的高中生管理中，管理目标的抽象化和格式化也是一大弊病。

人性化管理是以情服人提高管理效率的一种管理方式，人性化管理风格的实质就在于充分尊重被管理者的自由和创造才能，从而使被管理者以满足的心态或以最佳的精神状态全身心地投入学习和工作中，进而直接提高管理效率。人性化管理是情、理、法并重的管理，而不是放任管理。对高中生实行以人为本的管理模式抓住了学生管理中最核心的因素，因为学生管理就是人的管理。人的需求、人的属性、人的心理、人的情绪、人的信念、人的素质、人的价值等一系列与人有关的问题均应成为管理者悉心关注的重要问题。这是高中生管理的出发点和落脚点。

高中阶段的基本职能之一就是为各大高校输送人才，在教育和培养学生的过程中，要充分调动他们的主动性、积极性和创造性，为他们提供能激发创造性和自主创新性的氛围。要实现这一目标，高中教育管理必须是人性化管理，实施以人为本的管理模式。首先，要转变教育管理观念，树立科学的人才观。切不可用一种人才模式苛求学生，限制学生个性的发展。教育管理工作者要有着眼于未来的宽广眼光和不拘一格育人的胆略。其次，要着重提高教师的综合素质，强化管理者的人格魅力。在新形势下，从主观上讲，学生群体已经不接受传统的高中教育管理模式，从客观上讲，高中管理所面临的形势也不能使这种模式维持下去。招生规模的扩大，贫困生数量的增加，个性培养和创新教育日益被高中所重视等，这些因素都要求高中教育管理必须抓住"学生"这一根本，转变管理理念，提高教师的综合素质，强化管理者的人格魅力。进行人本化管理，其实是对教师尤其是教育管理者提出了更高的要求。以人为本，促进高中教育管理和谐发展是时代的发展适应高中生全面发展和个性发展的必然要求。构建和谐社会和谐校园，新时期学生的思想特点等，使以人为本的管理模式成为必然的选择。

第二节 "以人为本"理念应用于高中班主任班级管理的意义与对策

一、以人为本理念应用到高中班主任班级管理的意义

（一）树立"以人为本"理念是实施素质教育的要求

随着素质教育的深入推进，学校越来越注重学生能力的培养和提高。素质教育是以提高民族素质为宗旨的教育。它是依据《中华人民共和国教育法》规定的国家教育方针，着眼于受教育者及社会长远发展的要求，以面向全体学生、全面提高学生的基本素质为根本宗旨，以注重培养受教育者的态度、能力，促进他们在德智体方面生动、活泼、主动的发展为基本

特征的教育。素质教育是主体性的教育，注重发挥学生的主体性。素质教育是发展性的教育，素质教育的"发展性"强调的是"学会学习、学会生存"。然而，传统的应试教育已经严重束缚了一代人创造能力的培养和发挥，为了实现素质教育的目标，发挥学生的主体性，我们必须加强对学生自主创新能力的培养。高中班主任应该以坚定的责任担当做好教育工作，以更加昂扬的奋进姿态推动教育事业发展，为加快推进教育现代化、建设教育强国、办好人民满意的教育，为实现"两个一百年"奋斗目标、实现中华民族伟大复兴的中国梦做出新的更大贡献。

随着学生进入高中阶段，他们的自主意识越来越强烈，学生具有独立的见解，希望能够在个人的努力下完成学习任务，从实施素质教育的角度看，要求教师鼓励学生自主管理。著名教育学家苏霍姆林斯基说过："没有自我教育，就没有真正的教育。"对班级管理而言，管是为了不管。真正的教育是形成自我教育。为此，班主任要努力实现从牧羊人到领头羊的角色转变，实现学生的自我管理。

素质教育要培养的是全面发展的人，这就要求在班级管理中树立"以人为本"的观念，注重开发人的潜能，培养出创新型人才。创造是社会发展的前提，创造性是社会发展和生产力发展的基础。为此，实施素质教育就必须培养出具有创新思维能力和自学能力的学生。新时期我国的教育方针是教育必须为社会主义现代化建设服务，必须与生产劳动相结合，培养德、智、体等方面全面发展的社会主义事业的建设者和接班人。此外，由传统的班级管理培养出来的人才大都是按部就班的，缺乏灵活性，远远不能够满足当前社会对人才的需要。因此，为了响应素质教育的号召，班主任在班级管理过程中必须树立"以人为本"的管理观念，放权让学生自主学习，引导和鼓励他们，挖掘他们的潜能。在教育活动中应当面向全体学生，把他们作为主体且尊重他们，发挥和完善他们的主体性。

（二）有利于班级管理工作的高效开展

班主任进行班级管理的过程也是师生之间进行心灵沟通的过程。树立"以人为本"的班级管理理念，尊重学生，与学生和谐相处，能够加深师生之间的情感交流，增强学生在班级中的归属感。情感教育不是靠理性的灌输，而是靠心灵的感受。因此，在教学过程中，班主任要利用情感的感染和调节功能来加强与学生之间的沟通。师生之间应当建立一种民主、平等的关系，和谐相处，共同发展。班主任应当为学生创造自由宽松的班级氛围，在生活上体贴学生，关心学生，增强学生对老师的信任感。另外，在情感上引导学生时，要注意"晓之以理，动之以情"。

在班级管理中实行"以人为本"的理念，创造机会让学生积极参与班级管理，能够加深学生在班级中的归属感。学生在班级管理中有主动权，能够激发学生学习的积极性，也能增强其维护班级荣誉感的意识。此外，"以人为本"理念能够加强师生之间的沟通，为双方共同理解、共同进步打下基础。在班级管理中，班主任只有尊重学生，平等对待每一个学生，才能让学生在学习过程中享有愉悦感、参与感，学生的潜能才能开发出来。

在对班级的管理上班主任肩负着主要的责任，每名学生的课堂表现、思想状态、学习态度都由班主任全权关注，其管理效率直接影响着学生学习的积极性。高中阶段的学生处于身心发展的关键时期，其鲜明的个性特点逐渐彰显，并不能像小学阶段那样任由教师摆布，一些特点突出的学生负面情绪滋生快速。在此情况下，教师的管理面临着艰巨的挑战，此时再运用传统的管理方式，如采取打压、体罚、责骂等，只能加强学生的负面情绪，极易引起学生情绪的失控，酿成严重后果。若教师时刻以"以人为本"作为管理班级的核心思想，强调与学生建立情感交流达成和谐关系，并能积极地从学生视角看待问题，就会受到学生的爱戴，教师对班级的管理也更容易被学生所接受，得到高效的开展。

(三) 提升学生思想品德

新时代教育必须坚持立德树人、德育为先，办好人民满意的教育。把教育的重点转向人本身，在教育过程中把人的全面发展放在中心地位，坚持培养社会主义的建设者和接班人。在学生的成长过程中，道德品质的发展起着至关重要的作用。坚持"以人为本"，在教育工作中最集中的体现就是育人为本、德育为先。只有在学习过程中帮助学生打好思想道德基础，他们才会有正确的前进方向。

坚持"以人为本"，要求班主任在班级管理中将道德教育作为教育活动的根本要求，加强思想道德素质教育，树立崇高理想和远大志向，引导学生树立正确的世界观、人生观、价值观。同时，德育是学校实施素质教育的重要组成部分，体现在学校教育教学和学生日常生活的各个方面。这对于学校工作以及学生的健康成长具有动力、导向和保证的作用。然而，在当前的教学活动中，一些教师的教学方式还是自上而下、命令式的，学生内心的真实想法和真正需要并没有体现出来。在道德知识的学习上，学习方式还主要是灌输式，导致学生在学习道德知识的过程中并不能真正从内心产生共鸣。长此以往，学生的天性和主观能动性就会遭到扼杀，得不到全面的发展。

因此，要把握好学校德育现状，将社会主义核心价值体系融入国民教育全过程，将习近平新时代中国特色社会主义思想引进教材，创新德育观念、内容，增强青少年思想教育工作的实效性。

二、"以人为本"教育理念在高中班主任班级管理中的应用研究

（一）班级管理要体现人本意识

由于教育的真谛是全面提升学生的综合素质和培养学生的道德品质，学生的自我实现价值的体现就显得尤为重要。依据人本思想的理念，教育的最终目标是激发学生潜能，尊重学生个性成长，促进学生全面发展。所谓以人为本，就是以人的需求和目标为根本出发点和立足点。在班主任管理班级的过程中，要重视学生自主意识的培养，关注学生的感情发展，强调学生的主体地位在班级管理中的体现，肯定学生的价值取向在班级管理中的重要导向作用。班主任在进行班级管理时，要特别注意保护学生的独特个性和学习积极性，依据他们各自不同的性格特点开展因人而异的学生管理工作。以人为本的教学理念在班级管理工作中的最终目标就是培养学生的鲜明个性和创新精神，把学生成长作为班级工作的核心和立足点，多与学生进行感情沟通，加深彼此的情感共鸣，促进班级的和谐团结。

（二）班级管理要关注人

这里所说的关注人，不是让班主任只是重点关注班级中的好学生和乖孩子，而是把关注的焦点定位在每个学生身上，关注每一个学生的成长，参与每一个学生的进步和成长历程。不能因为学生的智力水平、性格特征、家庭条件、实际年龄等差别而对学生区别对待。学生作为独立的个体，他们在班级管理工作中都是平等的，不能因为成绩的好坏等原因而受到不公平的待遇。世界上没有两片相同的树叶，每个学生都有其独特的不可复制的价值存在。班主任要尊重每个学生的价值特点，挖掘每个学生的潜能，并且让每个学生的潜能得到充分释放和开发。班主任应该把每一个学生个体都看成是具有优秀潜能的人，不放弃对每一个学生的教育和管理，针对个体的差异积极采取有效的应对措施，使学生潜能得到最大限度的开发。

（三）班级管理要发展人

以人为本、实事求是是社会主义的核心理念，班主任班级管理的出发点是以人为本，要把立足于人的发展作为班级管理工作的起点和归宿。班主任不仅要关注学生的全面发展，还需要注意学生的有目的发展。在班级管理工作中，班主任要全面地认识和了解班级中的每一个学生，掌握每一个学生的独特气质，不要片面、肤浅地对待每一个个体。例如，班主任不能因为某个学生的学习成绩不好，就片面肤浅地认为这个学生在其他方面也只有较低的学习能力。班主任要把握班级管理工作人本思想的真正内涵。班级管理是为了使学生的德智体美得到全面发展，而不是制造一批考试和做题机器。班主任要放开眼界，要整体把握教育工作的目标和任务，把学生从考试、做题的圈子里解放出来。还有特别重要的一点，就是要重视教师与学生的情感交流，对每一个学生个体都要进行全方位、立体化的塑造和培养，最终使每一个学生都能实现综合素质的全面提升。

（四）班级管理要依靠人

以人为本的教育理念要求班级管理的核心是学生，要把学生的全面发展放在首位。不容忽视的一个关键问题就是，以人为本的班级管理工作所要依靠的主要力量不是教师，而是学生群体。所以，学生群体的自主性应该得到充分激发和挖掘。正如联合国教科文组织国际教育发展委员会编著的《学会生存》所强调的那样："受教育的人必须成为教育自己的人，别人的教育必须成为这个人自己的教育。"只有学生群体自己认识到自主性的重要性，以人为本的班主任班级管理机制才会良好地开展下去。

三、高中班主任在班级管理工作中运用"以人为本"理念的策略

（一）尊重学生的主体地位

"以人为本"就是把每一个学生当作教育的目的，确立学生的主体地位，尊重其个性特点。学校的一切活动都是围绕学生的成长和发展而设计和组织的，目的在于培养他们的自信心，尤其是创造力。在现代教学活动中，"以学生为中心"的管理模式体现了人本思想，它把学生作为班级管理活动的主体，有利于学生自主意识和民主参与意识的增强。为此，班级管理必须突破以"以教师为中心"的传统管理模式，帮助学生树立独立

意识。

在教学活动中，自主探索、合作交流以及动手实践是学生学习的重要方式。坚持"以人为本"，就是培养学生一定的自主学习能力，鼓励质疑创新，发展创造性思维，调动学生的学习积极性。自主探索的学习方式也使学生在掌握基本书面知识的同时，锻炼了学习的自主性，促进了自身的全面发展。

在班级管理中，坚持"以人为本"，就是在一定程度上放权给学生，让学生学会自主学习，单独完成学习任务。充分发挥学生的主体性作用，这样能够培养学生积极的学习态度，能够提高学生的学习兴趣，满足学生的个体需求，培养学生在学习过程中战胜困难、勇于进取的意志品质，充分体现学生的自我价值，增强其自信心，提高学生对学习的满意度。因此，在现代教学过程中，要充分认识到学生主体性的重要作用，坚持"以人为本"，努力创设充分发挥学生主体性作用的学习情境。

（二）鼓励学生积极参与班级制度的制定

在传统的班级管理工作中，班主任总是权威者，采用权威的方式，利用班级规章制度对学生进行权威管理，并且根据班规对学生进行相应的惩罚。而在"以人为本"的理念下，班主任必须让学生成为学习的主体。在传统的管理模式下，班主任一个人管理整个班级，班级的班规和其他班级制度的制定都是班主任一个人说了算，而在"以人为本"的管理理念下，班主任要积极鼓励学生参与到班规和班级制度的制定中，让学生做班级的主人，树立学生的"班级主人翁"精神，由学生自己制定的班规，学生都能够更好地遵循和执行。另外，班主任可以让学生采用投票方式选举班干部，在班规的制定和班干部的选举方面充分体现民主精神，创建民主的班级管理模式。让学生自己建立应该遵循和执行的班规，自己选择班规的执行者和监督着，学生都愿意自觉遵循班规，执行班规。班主任在这个过程中要充分发挥引导者和辅助者的作用，不滥用权威。

（三）重视学生的个性化教育

每个学生都是一个独立的个体，有着独立的性格、独立的思想，因此学生之间存在个体差异性。在进行班级管理时，教师必须了解每个学生的性格特点和个体差异，根据学生的自身情况对学生进行个性化教育。在对学生进行评价时，不能采取统一、死板的标准，而要对学生进行独立评价。每个学生都有自己的优点，都有自己擅长的方面，班主任要善于发现学生的优点和所擅长的东西，充分挖掘学生在某个方面的能力。对于学生的优点，班主任应当及时肯定，提升他们的信心；对于学生的缺点，班主任要引导他们积极改正。班主任只有重视学生的个体差异性，对学生进行个性化教育，班级管理工作才能达到事半功倍的效果。

（四）关注学生的心理健康

高中阶段是学生心理发展的重要阶段，在这个时期，学生将会遇到各种各样的心理问题，作为班主任，必须具有及时发现学生心理健康问题的能力。一旦发现问题，就要及时进行开导，保证学生的心理健康。在传统的管理模式下，学生都是惧怕和远离班主任的，更不会向班主任倾吐自己的心声；而班主任往往一味地关注学生的成绩，并不重视学生的心理状况。在"以人为本"的管理理念下，班主任要深入了解学生的心理情况，加强与学生的沟通和交流，引导学生自愿向自己倾吐心声，有效解决学生的心理问题，促进学生的健康成长。

第三节　高中班主任"以人为本"班级管理模式的构建研究

一、目前班级教育管理模式存在的问题

（一）管理过程中出现的偏差

虽然我们的教育思想是正确的，但是在实施的过程中同样会出现问题。在教育学生的过程中，我们有时会忽略学生的地位，教学过程中缺乏互动性，我们必须调动学生的主动性，使其主动学习。

要注重启发引导，避免单一的知识灌输。教师有时候采用灌输式的教育方式，将知识单纯地传授给学生，没有给学生思考的时间，没有培养学生的自我思维意识，学生只是被动地接受，所学知识根本没有转化成为自己的知识，学到的也只是书本表面的知识。有句话说得好，等高中生毕业后忘记书本的知识后，剩下的就是他在学校所学到的知识。然而，学生毕业后剩下的知识还有多少？

主观能动性被忽略，失去理解、互动、判断的内化过程，这样的高中生就失去了独立思维判断的能力，等他们步入社会以后可能会茫然不知所措，不知道自己以后的道路该怎么走，不知道怎样适应这个社会。在教师

教育的课堂上，学生除了认真地学习课堂知识，课外也需要加强自身学习。如只是掌握课堂上的知识，没有课堂外的动手能力的培养，这样的高中生就不是合格的中学生。优秀合格的高中生不光要看成绩单，还要加强各方面综合素质的培养，必须进行科学知识和动手能力的双重培养。学生在校期间除了学习课本知识以外，还要提高交往能力、动手能力，这样才能更好地适应未来社会对他们的要求。

（二）学生在管理中的问题

高中学生通常叛逆心理较强，不希望被控制，不喜欢被约束，不喜欢规章制度，喜欢自由自在。针对高中生的这一特点，我们可以调动学生的主观能动性，使学生转变观点，不要让学生觉得自己被约束，要让他们觉得自己是自由的。从"要我学"变成"我要学"。我们可以多让学生参加课外活动，多参加社团、学生会活动，使学生通过管理学会自我调节和自我管理。同时，我们要采取更多的激励方式调动学生的积极性，从而使他们更好地学会自我管理。对于在教育管理方面表现出色的学生应该予以必要的精神鼓励和物质鼓励，只有这样，学生才能够更好地进行自我管理，形成良好的管理习惯。

（三）与素质教育改革不尽吻合

"要全面贯彻党的教育方针，落实立德树人根本任务，发展素质教育，推进教育公平，培养德智体美全面发展的社会主义建设者和接班人。"作为国家战略，"发展素质教育"已经成为政府工作报告的核心主题。众多高中学校探寻和摸索深化教育改革之路已有数年，在越来越多优化措施推出的同时，依然有或多或少的缺陷和不足存在于教育和管理的方方面面。其中之一，就是高中班级管理与素质教育改革不尽吻合。

在不少高中学校的班级管理过程中，班主任仍然是绝对的权威。除了在班级管理中习惯性地发号施令外，很多班主任往往会在班级管理中事无巨细、面面俱到甚至大包大揽，唯恐学生出现一丝一毫的纰漏或错误。由于班主任自身还要承担授课教学任务，再加上对班级事务不遗余力地管理，许多班主任因此负担沉重甚至心力交瘁。

反观学生，由于班主任自动包揽了所有管理工作，学生便成了被管理对象，不仅在班级管理中极其被动，更有不少学生对班级事务漠不关心，如同置身事外的陌生人般不闻不问。更有甚者，由于班主任管理严格而产生了逆反心理，只感觉个性受到压制，不仅不在班级事务中积极投入、踊跃参与，反而处处对着干，成了"惹事精"或者"破坏分子"，变成班级管理的负面影响因素。

在这种不甚良好的环境下，学生的政治思想素质就难以得到提高。一方面参与度相对有限，学生在班级管理过程中基本无法体验到主体管理的价值与意义，只能相对被动地处于从属地位，因此对班集体无法产生责任意识。另一方面，由于习惯于完全服从，只会等待班主任下达指令亦步亦趋，学生无法通过相对活跃的生生互动形成协作意识与合作精神，这还会阻碍学生在人际交往、社会交流等方面能力的发展。由此可见，传统的管理模式对于初中班级深入开展素质教育改革存在一定的抑制作用。

（四）管理思想未能及时转变，管理方法较落后

在高中教育阶段，教学的主要对象是即将成年的学生。他们的思想处在逐渐成熟阶段，我国高中班主任大多实行统一管理，没有做到因人而异，这与"以人为本"理念下的高中教育管理工作是不相符合的。在统一化的管理下，学生的个性得不到解放，个性被压制。而且，由于一些高中班主任未能及时转变班级管理思想，班级管理秩序混乱，无法营造良好的班级学风。事实上，教师应该充分认识与发现高中生的特点，寻找学生的内在闪光点并点亮它。再者，老师是学生的引路人，也是学生喜爱模仿的对象，教师的一言一行都备受他们关注。班主任具有一定的威严，大多数高中生都会产生造反心理，造成师生之间缺少沟通与交流，从而进一步导致班主任不了解学生内心的想法，造成班主任工作得不到完善。

（五）班主任缺乏相应的培训，管理不够灵活

高中阶段教育对班主任管理工作要求更高，所以一些刚从师范大学毕业一两年的老师在高中教学就很吃力，因为大多数担当班主任工作的教师并未正式接受过班主任上岗培训，管理班级的方法要么自己摸索，要么跟从有班主任经验的教师学习，这就会导致管理水平的差异。再者，从学校层面分析，一些学校对班主任工作的重视程度不够。由于班主任培训工作需要学校进行出资，一些学校为了节省学校经费开支，就未能对班主任进行统一的培训工作。刚上任的新教师未能进行培训，那老教师的问题就是管理太过死板。过于严格的班级管理会让学生产生叛逆情绪。学生对教师存在看法，不愿意学习这个教师的课，会导致学生成绩越来越差。要知道，并不是只有压得住才能管得好，一个优秀的高中班主任更应成为学生的朋友，与学生共同成长。高中班主任面对学生也应呈现阳光的面貌，积

极乐观，如此才能正确引导学生成长。

二、高中班主任以人为本班级管理模式的构建方式

（一）建立"以人为本"的教育评价体系

由于长期以来受到"应试教育"思想的影响，教师评价学生成才的标志往往只是"分数"。在这种单一绝对的评价制度影响下，学生往往会被迫放弃自己的兴趣和爱好，致使身心得不到全面的发展。为此，教育评价体系必须由此前的绝对单一化向多元化、合理化转变。

在教育评价目的上，要改变"以分数论英雄"的局面，注重学生的全面发展。在教育评价方式上，应当选择发展性教育评价方式。发展性教育评价要求把学生当成一个完整的人，对学生发展的全过程进行评价，注重过程，而不是针对结果或单一的某一阶段进行评价。

在传统的教育评价体系中，评价主体以他评为主，对学生的自我评价重视不够，"以人为本"的管理理念要求在评价过程中，学生不再是处于单纯的被动地位，而应积极主动地参与对自我的评价。这充分体现了他们在教育评价活动中的主体地位，有利于学生找出自己的缺点和不足，对自己形成一个正确的认识，从而不断提高教育质量。

（二）建立科学民主的班级管理组织

科学的班级管理理念要求学生积极主动地参与班级管理。班主任要对班级组织进行策划并明确分工，让学生各司其职。同时，要采取一系列的措施激发学生的参与意识和主体意识，最终达到使他们自我管理的目的。

科学的班级管理组织要求明确班集体及个人的任务，做到人人有事做，事事有人做，增强学生的主人翁意识。例如，班干部的选拔可以采取轮换制，让每个学生都有机会参与班级管理活动，为班集体做出自己的贡献。班干部轮换制也有助于增强学生的集体意识。同时，科学合理的班级管理组织规划，有利于学生养成良好的习惯，使学生在面对一些突发事件或临时活动时能够有条不紊地应对，做到班级管理的自动化。

贯彻"以人为本"的教育理念，构建人性化的教育管理模式，最基本的有两条：一是确保学生在教育中的主体地位，充分尊重学生的人格与自主权利。二是要对所有学生负责，为学生的全面发展提供应有的服务。作为教育工作的重要方面，要在管理工作中确保学生的主体地位，尊重和维

护学生自主学习的权利，就要保证教育主体的主观能动性得到充分的发挥，使他们的个性得到充分的张扬，使他们的潜力和发展潜质得到充分的挖掘。要积极实践学生的"自我管理、自我教育、自我约束、自我服务、自我发展"等，不断培养和提高学生独立思考问题、分析问题、解决问题的能力。这不仅是改进学生工作，为学生的自主发展提供更大空间的需要，也是这些年来在教育管理工作中的成功经验。学生的"自我管理"是一种民主的、开放的、人性化的管理，它更加有利于实现学生成才的目标。

此外，一个健全的班级管理组织必须具有完善的监督机制，由单一的教师监督发展为学生互相监督、自我监督。检查过程要体现民主，坚持标准一致和对事不对人的原则。同时，对于监督检查结果的评定应当公开化，这样有助于增强被表彰学生的自信心，在班级中形成创先创优的风气。

（三）努力构建"以人为本"的班级文化

班级文化是班级建设的灵魂，也是班级健康发展的保障。班级文化是班级风貌的体现，是班级意愿、班级形象，是班级精神文化、班级制度文化和班级物质文化的高度统一体，是增加班级凝聚力的助推器。班级作为青少年接受文化知识的最重要场地，它的文化建设对于青少年的思想、观念、行为、方向与价值取向都起着重要的作用。班级文化建设是一个长期发展的过程，班级应根据"以人为本"的理念建构优良的班级文化。

学生的成长离不开良好的环境，而学生活动时间最长的环境就是班级，不同的班级环境能够使学生形成不同的品质、思维习惯和处事方法。从"孟母三迁"的典故和"近朱者赤，近墨者黑"的古训，到现在的"环境出人才"，无不昭示着文化环境的重要性。为此，我们必须建立一个良好的班级文化环境，使学生在一个文明向上的学习环境中成长。

班级文化建设应注重对班级精神的培养，班级在成立之初就要有意识地培养班魂，并在潜移默化中把班魂根植于学生的内心。班级凝聚力也是形成班级文化的重要组成部分，例如，在学校运动会上学生为本班的参赛队员呐喊助威，加深了其对班级的归属感。同时，创建一个和谐的班级氛围有助于学生的健康成长。此外，班级文化建设还要注重教师与学生之间的关系以及学生与学生之间的关系，加强师生之间的情感交流，做到师生和谐相处。以上正是"以人为本"理念在班级文化建设上的表现与意义。

（四）努力营造融洽和谐的师生关系

在班级管理过程中，班主任应当与学生建立一种民主和谐的师生关系，与学生和谐相处。这就要求班主任转变陈旧观念，重视作为"人"的学生，做到以诚相待、平等相处。

要建立民主和谐的师生关系，班主任首先要承认学生的差异性。每个学生都是一个独立的个体，教师要尊重学生的个性，承认学生的个性差异。教师要根据每个学生的实际情况因材施教，要了解学生的特长、兴趣和爱好，把它看成是开发学生潜能的重要工作，为学生的个性发展提供尽可能多的条件。班级中的每一个学生的心理、生理等都存在个性差异，即使是同一个学生，由于环境和自身条件的变化，其心理也会发生变化。因此，在班级管理过程中班主任应当尊重学生的个性，根据每个学生的具体情况因材施教，促进其个性发展。

其次，班主任要热爱学生，信任学生。热爱学生是教育学生的感情基础，也是建立良好师生关系的手段。在课下活动中，班主任应经常与学生进行交流，走进学生的心灵，聆听学生的心声。班主任应从教学的指挥者角色转变成参与者和合作者，让学生体会到班主任是他们的朋友。"向师性"是学生的本质属性，每个学生都希望引起老师的注意，得到老师的关爱。信任对于学生来说也是一种特殊形式的尊重，对学生的个体发展也是非常有利的。信任是相互的，老师选择了相信学生，学生在内心自然也会将老师当作知心伙伴。当学生在遇到困难时会主动向老师寻求帮助，将促进师生关系的和谐发展。

第三章 家校合作背景下
高中班主任班级管理研究

第一节 家校合作的理论研究

一、家校合作概述

(一) 家校合作的内涵

夸美纽斯形象地说过："家庭教育和学校教育就像一架飞机的两翼，缺少任何一方都会出事。"国内较早关注家校合作的马忠虎教授认为，家校合作就是指对学生最具影响力的两个社会机构——家庭和学校形成合力，对学生进行教育。家校合作指"在教育活动中，家庭和学校相互支持，共同努力，使学校能在教育学生方面得到更多的来自家庭方面的支持，使家长能在教育子女方面得到更多的来自学校的指导"。家校合作以完善学校的教育工作、促进学生的全面发展、培养社会合格的人才为目标，学校通过一定的形式与学生家庭、社区在教育过程中相互配合、相互协调，共同承担教育过程的互动方式。新时代要求将培育和践行社会主义核心价值观融入国民教育，覆盖到所有学校和受教育者，形成课堂教学、社会实践、校园文化多位一体的育人平台，完善学校、家庭结合的教育网络，引导广大家庭主动配合学校教育，形成家庭与学校携手育人的强大合力。家校合作的主要内涵包括以下几点。

1. 共同的目标

家校合作的主要目的是学校和家庭双方发挥各自优势，相互弥补不足，以学校为主导指导家庭教育，家庭教育支持学校教育，使学校和家庭的智育、德育、美育持续联系，相互融合，处在共时状态下，达到教育的最佳效果，共同促进学生的全面发展。

2．平等的互动过程

家校合作的双方都是教育的主体，地位平等，双方积极、主动、持续交流，平等探讨教育方法、理念。家长配合、支持学校教育工作，学校充分发挥专业教育知识，指导、帮助家庭提高教育能力。只有这样，才能使家校合作处于一种平等、持续互动的动态过程中。

3．争取社会力量

家校合作不仅是家庭和学校双方的合作，还需要争取政府、社区等社会力量的支持，这样才能为教育提供有力的后勤保障和环境支持。家庭、学校、社会三者在教育过程中各自承担不同的责任，三者相互协调，这样才能使教育处于一个良性循环的育人系统中。

（二）家校合作的目的

1．赋予家长更多的知情权与话语权

学生个体的发展是学校、家庭及社会共同教育的结果，传统的学校教育模式与家庭教育是脱节的，家校没有互动，以至于双方不了解学生不在各自领域内的表现，不能全面地了解学生。导致很多家长片面认为孩子发展是否良好主要责任在于学校。家校合作可以让家长对学校的管理模式、教学模式、学生在学校的表现有深入的了解，能结合学生的情况给学校的管理提出可行性建议和意见，以便在家庭教育方面及学校教育方面有所改善。

2．提升家长的教育素养，保障家长参与教育的质量

家庭教育环境对个体的发展具有举足轻重的作用，父母的言行举止、待人接物、处事方式对青少年有示范引导作用；父母的价值观、人生观、世界观、思维方式、教育理念对个体有潜移默化的熏陶作用。因此，父母的教育素养至关重要。家校合作可以使家长在与教师的沟通交流中学到专业教育知识，会从专业角度意识到自身在教育方面存在的偏差，并有针对性地去学习，提升自己。同时，参与学校教育的积极性会因此增强，参与教育的质量也会随着家长教育知识面的增加而提升效果。因此，家长自身教育素养的提高，在为学校教育减轻压力的同时也能保障家校合作的质量。

3. 向公众展示、宣传学校

家长作为对学校教育及教学质量最为关注的群体之一，对学校的办学理念、教学质量、师资力量、人文环境、校风校纪最有评判权。同时，家长是流动性、扩散性最大的一个群体，是学校声誉的传播者。因此，家校合作可以增强家长对学校的教育管理及教育成效的了解。家长的肯定和认可能为学校赢得良好的口碑，家长会不由自主地宣传学校，使学校在公众面前树立优良的形象，为学校的持续发展提供舆论力量。

4. 提高学校的管理能力，改善育人环境

家校合作是以学校为主导，家庭、社会共同协商，积极参与学校管理的一项活动。通过家庭和社会力量的进入、家校之间的合作交流，学校能更好地了解社会及家庭对学校的期望，能弥补学校局内人的教育思维定式，也能更好地了解学生的个性特点，适时地调整教育策略，改善教育方法，实施因材施教。同时，家校合作能在一定程度上进行教育监督，改善育人环境，提升学校的管理水平和能力。

二、家校合作的方式

（一）进行家访

家访是教师主动走入学生家庭，对学生的家庭生活环境进行实地了解，针对学生在校的发展情况与家长进行面对面的沟通、交流的一种形式。家访一是可以针对学生具体问题与家长进行深入探讨，共商教育方法，引导家长树立正面的教育观，增强家长的教育意识和责任感；二是有利于教师全面真实地了解学生的身心个性，为教师因材施教提供依据和方法。家访能够缩小教师和家长之间的距离，使家长乐意、主动加入学生教育中来。在家访过程中要注意"扬长避短"，以鼓励为主，共同探讨，水到渠成地实现目的。同时，双方一定要注意语言表达，要明确问题，措辞得当，增进师生友谊，促进相互了解，激发学生的学习动力。

（二）召开家长会

家长会是目前比较成熟的一种家校合作方式，一般在学期中或学期末由学校或者班级教师发起，邀约全体家长或者学生参加某个或多个专题的互动、交流的会议或者活动。家长会的主题有多种，如针对学生的

学习成绩、在校期间的表现、学生的心理健康问题召开家长会，或者举行节日活动、通报学校管理政策等，主要目的是加强学校和家长之间的交流，让家长了解学校的日常管理工作以及学生在校表现情况。新时代的家长会要注意以下几点：内容要"实"，不空洞，要根据实际情况，解决一些具体的问题；形式要"新"要活泼，多开展一些亲子互动活动；主题要"精"，不能泛泛而谈，每次会议精确目标，有的放矢，不能一次解决所有问题。

（三）设立学校开放日

开放日一般在幼儿教育中实行比较多，是学校（幼儿园）在规定的时间内或者特定的节日邀请家长一起参与游园、听课或者参与教学活动，学校（幼儿园）向家长展示幼儿在校的学习、饮食、起居、运动情况。有家长听课、家长讲课、参观、校内亲子活动、校外亲子活动等。目的是让家长参与到学校生活中来，体验学生的学校生活，走进课堂，了解学校，了解孩子，增进亲子关系、家校关系、家长与教师之间的关系。

（四）建立家校信息共享系统

家校信息共享系统是学校运用现代网络信息的便捷性、快速性、时效性，搭建家庭与学校之间就教育问题及时沟通、交流的互动和展示的平台。家校双方可以就学生入学情况、学生安全、班级管理、学校管理、教育问题等情况沟通、探讨，防患于未然，必要时参与学校教育管理。目前家校信息共享系统主要包括家长通信录、家长手册、校长书记信箱、校园网站、校园刊物等。

三、家校合作组织的形式和特征

（一）家长委员会

家长委员会是由家长们选出热爱教育公益活动、能代表全体家长和学生权益的家长组织，家长委员会代表家长协调家长之间、家校之间的关系，协助学校做好教育工作的组织。它关注学生教育，是家庭和学校之间的桥梁，是学校的决策咨询机构，家长委员会自行组织讨论，收集家长们的意见和疑问，做好记录并将商讨结果与学校沟通交流，同时传达学校的教育理念。家长委员会是代表全体家长参加学校民主管理并起到一定监督作用的组织。

（二）家长学校

现代学校教育越来越重视与家庭教育相融合，同时，家长作用相当关键，家长的素质决定了家庭教育的水平。因此，许多学校或者家长自愿成立了一个非营利性的组织机构——家长学校。家长学校有的开在学校内部，有的开在学校外部家长自行选择的固定地点，主要提供一个家长或者教师针对教育问题互相沟通、学习的交流平台，提高教育水平。家长学校要求家长们参加线上、线下的课堂学习，获得不同时期有针对性的学习内容，提供家长实践机会。通过学习和案例探讨、分析实践转变教育理念，提高家庭教育水平。

（三）家长义工组织

家长义工组织是指在学校的统一协调下，由关注教育、关心孩子、富有爱心的家长代表组成的特殊志愿者团体。他们主动深入学校、深入家庭和社区，参与教育教学、学校管理和服务全过程，把科学的教育方法传递给其他家长，实现了学校教育和家庭教育的对接。它的主要特征是自愿性、主动性、公益性，家长义工组织不仅辅助教师教学，是学校的第二课堂，也是教育教学的促进者、参与者、管理者，它能很好地宣传学校，代言学校。

（四）家长进课堂的优点

众所周知，家庭教育是学校教育的基础。家长是班主任工作的同盟军。班级教育与管理争取家长的支持与配合是提高教育效果、实现管理目标的必要条件。常听一些家长讲，孩子的生活条件，学习环境都很好，却总是懒懒散散，胸无大志，对学习、对未来都很茫然。于是学校给家长们发了一封信，邀请家长们与老师携手合作，共同构筑联合教育这一巨型战舰，受到家长热烈欢迎。家长进课堂活动开展后，学生十分愿意上这样的课。家长走上讲台，用朴实无华的语言讲述自己的家境、求学奋斗历程，深深地打动了学生的心。不少同学端正了学习态度，有了明确的学习目标，整个班级面貌发生了显著的变化，从家长身上开发宝贵的教育资源弥补了教育工作的不足。实践证明，让家长走进课堂，实现学校教育与家庭教育的密切配合，协调一致，能取得令人鼓舞的教育效果。

四、家校合作的相关理论

(一) 家校分离理论

孩子在未进入学校之前，家庭教育是他们的主体性教育，在这个阶段，家长在孩子的心目中有极高的威信，家长的一言一行都是子女模仿的对象，对其一生发展具有极为重要的影响。在孩子进入学校接受学校教育后，家庭教育退到了次要的地位，学校教育成为孩子教育的主体性教育。在学校教育中，学生在教师的指导下，以书本为媒介，接受系统科学的教育。虽然家长和学校都负有教育孩子的责任，但二者并不是天然的合作者，学校往往认为家长参与学校教育是对学校的干涉，因此，双方缺乏真正意义上的合作和交流。

爱普斯坦认为，"家校分离"的学校是"视孩子为学生"，而"家校合作"的学校是"视学生为孩子"。也就是说，如果学校仅仅将孩子视为学生，学校期望家庭做好自己该做的事，而家庭却将教育孩子的责任丢给学校，就可能发现家庭与学校是分离的；如果教育工作者将学生视为孩子，他们将会发现家庭和社区是学校在孩子的教育和发展过程中的共同合作者。如果合作伙伴认识到他们共同的利益以及对孩子的责任，他们就会通力合作为孩子创造计划和机会。

(二) 家庭缺失论与教育机构歧视论

就传统的教育社会学而言，父母参与子女的教育往往存在明显的社会阶层差异，这差异通常以两种理论解释：从个人层面理解的"家庭缺失论"与从制度层面批判的"教育机构歧视论"。

家庭缺失论指出，缺乏文化培养或文化水平低的家庭，由于家中缺少教育传统，父母不注重教育，加上没有足够的动机追求长远的教育成就，因此较少参与子女教育。在这个理论中，问题父母或问题家庭被视为家长参与程度低的问题核心。

教育机构歧视论则把家长参与的差异追溯到"制度"的因素，而非只是将责任推在个别父母身上。此理论指出，教育机构对来自低层的父母和学生存有偏见，抱有歧视的态度，因而疏忽有特别需要的这一群体。因此，实际上是校内一些隐晦歧视作风或排斥措施，把条件不利的父母排拒于外，使他们不能参与子女教育。

研究发现，来自低层的父母与教师交往时缺乏自信，甚至逃避某些与教师会面的机会，往往形成了家长选择"自我淘汰"的现象；因为教育机构不知不觉间贬低了低层家长的参与潜力，被忽视的家长多数变得被动，最终可能对参与子女教育失去信心和兴趣；如果家长的社会经济条件使其根本无法付出任何参与时间，更会出现"直接排拒"，例如大多数单亲家长为生计需要从事全职工作，既没有弹性工作时间，也没有足够的精力，也就不可能参与子女的教育。

（三）社会资本理论与家校合作

布迪厄将资本分为三种形式：物质形式，如物业、金钱；内化形式，如知识、态度、技能等；制度化形式，如学历。科尔曼在《社会理论的基础》一书中发展了布迪厄关于资本的解释，他的实证研究《科尔曼报告》采用了经济资本（物质资源方面的量度，包括收入、拥有房屋、拥有名贵汽车、在酒店度假及拥有游艇等昂贵的消费品）、文化资本（世代相传的一般文化背景、知识、性情及技能）和社会资本（基于人际网络的责任与期望、资讯渠道及社会规范）三种形式。

布朗进一步修订了科尔曼的公式：学业成就＝物质资本×人力资本×社会资本。

按布朗的公式，"学业成就"是指学童所内化的知识、态度及技能，"物质资本"指学童得以使用的学习工具及经济条件等，"人力资本"指人的技能，例如家长信任义务导师的能力，"社会资本"则是社会成员的互相支持，以及订立的规范和承担的责任。布朗认为，学校若能有效地调动这三种资本，便能增强个别学生的学习效能，改善学校整体质素。就社会资本而言，为子女创造社会资本有赖于三个主要因素：家长参与子女的亲密程序、亲子关系的稳定程度以及父母的意识形态。

简而言之，由于具有不同形式的资本，促使家长在子女教育上有不同程度的参与。譬如，父母可以把收入花在购买书本上获取知识（物资资本），帮助子女完成功课，或在学校担任义务工作；专业人士或有显赫社会地位（社会资本）的父母与学校人员磋商，或为子女选校时，往往掌握了重要的资料而占据有利地位；父母的外貌亦可以影响父母与教师的沟通模式。科尔曼及布朗对学生学业成就影响因素的分解，有助于我们明了家庭与学校的联系，以及家长参与和学生成就之间的关系。

过去数十年，社会资本对家长参与及儿童成长研究的局限来自社会资本本身。一是由资本概念引申出来的经济、人力和社会资本概念变得含混不清，未能成为确切的分析工具。譬如，除了三种基本资本外，还有学者引申出了象征资本、语言资本、学能资本、学历资本及权力资本等。二是把"文化资本"与社会经济地位相提并论，如拉鲁对"文化资本"概念的运用就较为含混。社会经济地位不仅给予父母文化资本（能力与信心），更为他们带来经济资本（收入）以及社会资本（社会网络），这些都有助于家长参与子女教育。三是所有的这些研究都过分重视家庭背景变量，而将学校和家长参与置为背景，忽视了制度间的相互联系，以及家庭、学校和社区合作时，这三个变量所起的叠加的影响。

尽管如此，社会资本的研究对家长合作仍然有重大启示。对社会资本的进一步研究发现，拥有较少资本的低层父母，对参与子女教育并非必然采取消极的态度。一些家长虽然本身社会经济条件有限，亦会选择把有限的资源投资在一些他们应付得来的活动中。科尔曼认为，就算身处社会经济阶层较低的父母，也可以有很高程度的家长参与。如美国天主教学校比公立学校的辍学率低，且学术水平较高，这可归功于社群归属感，亦可视为存在于宗教学校内的一种社会资本，而他们的父母并非全部来自中上阶层。

对社会资本的研究结果告诉我们，通过家校合作在家庭及学校内创造出来的社会资本，可以减弱家庭经济条件、社区环境对子女成长的不利影响，这种资本比物质及文化资本更重要。父母能花时间、精力关心子女，与子女建立良好的关系，与学校保持联系，并愿意以行动支持子女学习、参与家长委员会，将建立一个宝贵的社会网络，这种社会资本将有助于子女成长。

对东方国家家长来说，传统文化对教育的重视程度也影响着家长参与的程度。如中国的一些家长有"万般皆下品，唯有读书高"的传统，这种文化规范令家长在家中尽量付出时间和精力辅导子女学习。这在一定程度上也启示我们，在中国开展家校合作具有良好的文化基础。

五、家校合作的学理依据

家校合作具有多学科视角，社会学的研究对其具有较大的推动作用，切入点包括社会资本、社会分层与流动、家庭社会职能等。根据社会学理论，家庭和学校是学生社会化的两支最重要的力量，只有加强两者之间的合作，才能突出各自的教育特点，形成综合力和协同力，促使学生顺利地实现社会化。若只有学校而没有家庭，或只有家庭而没有学校，都不能单独地承担起塑造人的细致、复杂的任务。

在其他学科方面，从教育学角度来说，教育是一种有目的的影响人的活动，学校教育离不开家庭的配合；从管理学角度来看，由家长参与监督和决策，能够增强家长在学校管理中的责任感，提高教育质量；从父母教育权的演变历程来看，父母既是孩子的法定监护人，也是纳税人，教育权是亲子权的组成部分；从系统科学角度分析，家校合作是教育系统内各子系统之间协同的表现，家校合作使教育系统不断向着平衡、和谐、有序的状态发展。

六、家校合作的意义

完善的家校合作关系能更好地促进学生的健康成长，社会主义核心价值观是实现中华民族伟大复兴中国梦的强大精神支柱，中华民族的伟大复兴是每个中国人的梦想，家长要与学校合作，引导学生树立社会主义价值观，促使学生健康成长，同时要使学生牢记实现中华民族伟大复兴中国梦的使命。家校合作的目的是让学生健康地成长，让学生充分享受来自老师和家长的关怀，以及让教育给学生带来的欢乐。

（一）完善的家校合作关系能更好地促进学生的健康成长

家校合作的目的是促进学生健康地成长，让学生充分享受来自老师和家长的关怀，以及让教育给学生带来的欢乐。由于家庭情况千差万别，家长对教育子女的目标、成才的观念各不相同，家长对子女的教育理念也不相同，所以家庭教育必须在学校教育的配合下，具体分析学生的实际情况，正确引导学生，让学生健康成长，成为有用的人才。

（二）家校合作关系的建立有利于培养学生良好的行为习惯

学校教育是培养学生良好行为习惯的主要渠道，学校严格按照各项教育要求对学生进行行为规范教育。然而，培养学生良好的行为习惯是一项复杂的系统工程，需要多方面连续不断地、数年如一日地努力。家庭是学生接受教育最早、时间最长的场所，家庭教育的模式适合与否，对学生能否顺利接受学校教育关系极大。因此，家庭教育和学校教育之间的一致和配合，更有利于培养学生良好的行为习惯。

（三）和谐的家校合作关系可以促进学校和家庭之间的信息交流

学校、家庭两方面教育要密切配合，重要的一条是要及时交流信息。教师要了解学生在家庭中的表现及对待父母的态度，以便有针对性进行学生的思想工作。家长也想了解孩子在学校中的表现，并且想知道学校是怎样开展工作的。建立家校合作关系后，能使这一渠道更畅通，学校与家庭教育更有时效性、针对性，目标要求更一致。

（四）家校合作关系的建立能够优化学校教育的环境

学校虽然严格按照国家的教育方针办学，但社会和家长对学校的要求也是学校教育不断优化的一种动力，因此，家长应当及时地提出改善学校教育的要求，传授社会上的经验，调动家长及社会成员改善社会环境的积极性和主动性，学校则应充分利用家长这一有力的教育资源去优化、改善学校内外的教育环境，使学生接受的教育更完整。

七、家校合作注意事项

随着社会、经济的发展，家长的文化素质越来越高，也逐渐意识到家庭教育与学校教育同等重要。因此，学校应通过多种渠道逐渐开展家校合作活动，但是基于意识观念、人口结构、经济压力、家校合作模式等多种因素的影响，一些学校家校合作的效果不是很明显，因此在家校合作过程中，要注意以下事项。

（一）摆正观念

家校双方要明白家校合作是基于平等、双向的基础上展开的，教师要避免认为家长是非专业人员，而以教导的方式与家长沟通，或者干脆认为家长没必要参与到学校教育中来的心态。家长要避免认为学校教育属于教师的职责而不参与，或认为教师所做的一切都是正确的而完全接受教师的理念与方法的情形。家校双方都要认识到，只有家庭教育与学校教育实现真正意义上的融合才能为学生提供正确的教育模式。因此，双方要避免出现意识上的不平等而导致的不愿意沟通现象，或者单向沟通的合作方式。

（二）互相信任

任何一次沟通和协作都应当以信任为基础，家校合作亦是如此。随着社会的发展，家长的文化素养不断提高，具有创新、民主、批判意识的家长对教育子女有独特的见解，希望学校注重个性化发展，对学校寄予很大的希望。但目前教育现实往往是教师面对学生群体，在教育方法上通常是先进行普遍性教育然后才兼顾因材施教。这种情况下，家校之间就会在教育方法上出现分歧。因此，家校双方必须多加交流、相互了解，了解家庭经济情况、父母工作性质、父母教育层次、家庭教育模式、学生的个性、教师教学理念及模式，促使家庭教育和学校教育这两种环境下的教育模式达成一致。因此，家校之间的信任和理解至关重要。

（三）切实可行的举措

当前，社会结构变迁、生活压力、工作关系、职业发展等因素使不少父母常年在外务工，时常加班、隔代养育现象频现，使得家校合作工作难以开展。父母教育层次偏低、家庭教育意识不强、家校合作方式单一等因素也使家校合作处于表层化状态。因此，要想家校合作取得实效，学校层面就要针对家校合作做好前期调研，精密计划，动员社区力量，根据生源家庭情况开展有针对性、可行性强的家校合作，让每一次家校合作活动成为家庭和学校双方高质量的探讨教育的活动。

第二节　高中班主任班级管理中家校合作机制的构建研究

一、高中班主任班级管理构建家校合作平台的方法分析

（一）转变观念，加强家校沟通的主动性

由于学生都来自不同的家庭，他们以往所接受的知识教育和家庭教育各不相同，其性格差异性非常大，所以班主任要有意识地做好与家长的沟通工作，在班级组建之时就要通过多种渠道来了解学生的家庭情况，这是班主任工作的一个重要内容。班主任是家校合作过程中的主要人物，是学校与家庭沟通的桥梁。班主任应转变观念，在家校合作活动中做一名策划人、组织者和参与者。比如策划鼓励对孩子的教育较为积极的家长成立家委会，组织家长见面会、亲子活动等。在教育实践过程中，每周末主动向家长以图文并茂的形式汇报班级中孩子们在这周的闪光点。一些家长以前对孩子的学习不太关心，认为孩子已经长大，只要为孩子提供必要的生活物品就够了，其实作为高中生的家长，仍然应当关注孩子的成长，学生需要家长的关心、鼓励和支持。许多家长以前只是对孩子严厉批评，通过与学校的班长任交流心得，懂得了鼓励、表扬和批评共同发挥作用效果更好，家长的这些举措会让一些原本与家长疏远的孩子重新建立起融洽的关系。

（二）多种方式相结合，畅通家校沟通的渠道

作为新时期的高中班主任，一定要在家校联系上动脑筋，采取多种方式与家长联系，让家长随时随地了解自己孩子的在校情况，及时了解孩子的学校活动状况，这将为家长参与孩子的成长建立起必要的平台。与家长进行联系最普遍的方式就是召开家长会，这是家长与班主任进行畅通无阻交流的最直接的方法，通过家长会能够更加透彻地了解自己孩子在学校的各方面表现，但是由于组织一次家长会需要班主任多方准备，需要学校统筹安排，还需要家长及时调整自己的工作安排，费时费力，很不方便。新时期的网络非常发达，班主任要充分利用网络资源，让家长参与到学校的教育中来，利用多种方式加强班主任与家长的联系，充分发挥家长在教育学生中的巨大作用。

首先，充分利用家校通、班级优化大师等现代化的沟通工具，与家长建立密切的联系。网络的普及使其成为高中班主任进行家校联系最直接的工具，班主任在组建班级时，就要建立一个微信群，以方便与家长联系。当学生刚刚进入一个新环境时，肯定有许多不适应之处，家长也肯定不放心，班主任在这期间要及时地把学生参与班级活动的照片发到班级群里，让家长看到自己孩子灿烂的笑脸，这是取得与家长沟通的一个有效的方法，班主任的一个小小的举动会让家长倍感温暖。在月考后，班主任可把他们的成绩及时地发到群里，让家长看到自己孩子的学习成果。当然，发给家长，让家长知道自己孩子在学校的成绩并不是为了让家长训斥孩子，更是为了让家长督促孩子的学习和成长。由于家长的知识水平不同，在教育孩子的策略上存在一定的偏差，班主任可以定期在班级群里发一些管理经验的小妙招，帮助家长转变教育观念。

其次，有效利用家长接待日。通过家长接待日可以让家长了解学生的在校情况，班主任要想把家长接待日制度落到实处，就要合理安排好家长接待日的内容，要让家长有较积极的参与性，就要在内容设置上让家长觉得收获颇丰，让家长感到来参加家长接待日活动对孩子和自身素质的提高都有帮助，这是让家长坚持下去的动力。

再次，请家长参与主题班会课。许多家长都希望自己对孩子的了解更多一点，特别是当孩子进入青春期以后，不再愿意和家长进行深入的沟通，这让许多家长都感到不知所措。作为高中班主任，可以安排家长参与到班级活动中来，让家长看到自己孩子的班级活动情况，这是进一步了解孩子的一个渠道，更是增加家长和孩子交流渠道的一个方法，能够让家长

和孩子通过班级这个平台增进感情。比如班主任举行"给家长的一封信"主题班会，每一个学生都提前准备好写给家长的一封信，在主题班会上发言，当家长听到自己孩子写给自己的信时，一定会非常感动，心理触动一定非常大，能够通过这个主题班会了解孩子的另一面。又比如，早恋是一个敏感的话题，孩子们大多不愿与家长交流这个话题，因此，召开一堂班会课把这个话题公开化，并邀请很多家长参加。在这堂课上，家长也是发言者，他们以过来人的身份向大家敞开心扉，晓之以理，动之以情，将和班主任一起引导学生走出青春的误区。

最后，充分利用家长资源，让家长参与学校的活动和班级管理工作。家长们来自各行各业，从事着不同的职业，如果加以利用，将是学校活动和班级活动的一笔宝贵的资源。笔者所带的班级中有一位家长是美容化妆行业，了解到这一信息后，在班级参加学校的元旦晚会表演节目时，我们班请来了这位家长带来的专业的化妆团队，在妆容上比别的班级略胜一筹，学生们在晚会上表演的节目也非常出彩。

二、高中班主任在班级管理中搭建家校合作桥梁，实现共赢

在影响学生发展的各种因素中，家庭教育和学校教育是两个最重要的因素。两大因素各有所长，也各有所短，整合家庭教育和学校教育，形成教育合力，用家庭教育的优势来弥补和完善学校教育的不足，用学校教育的优势来指导和转变家庭教育的不足，加强家校合作，实现互补共赢，对学生的全面、健康发展非常必要。

成功的家校合作的基础是家校之间平等而又真诚的沟通与交流，家校之间可以通过灵活多样的方式、途径，利用各种媒介和人际交流来传递各种信息，从而促进双方的互动，使双方受益。下面，笔者结合班主任工作，对家校合作谈点粗浅的看法。

以理念为先导，提升自身与家长对家校合作的认识。班主任对家校合作的认识是有一个不断提高与深化的过程的。由于担任班主任工作，笔者认真参加了学校组织的有关家校合作的专题讲座，翻阅了大量相关资料，积累了生动的家校合作素材，并虚心向同行学习，尤其是向有经验的班主任请教，与他们多交流，遇到问题多求教，慢慢积累了自己的家校合作理论水平和实践经验。

与此同时，笔者利用各种渠道，采取多种形式与方法，向家长宣传家校合作的意义、原则、内容与方法，并通过具体的事例，与广大家长分享

家校合作的心得，想尽办法，征得广大家长对家校合作以及班级管理工作的支持，经过耐心细致的工作，在班级管理和教育教学工作中，拥有了一支强大而默契的支持者和同盟军，扩大了教育资源，构建起了良性的家校合作方式。笔者认为，在宣传家校合作、提高家长认识方面，真诚很重要。

多年前，我带的班中有一名学生的父亲是一个铁路工人，长年工作在野外，根本无暇顾及子女的教育，更谈不上和我联系了。我了解情况后，不仅和学生的母亲经常沟通，还通过书信与电话、短信的方式与这位父亲保持联系，孩子的成长状况、学校的活动安排都及时地汇报给他，我还对他的辛苦工作表示了理解与慰问。这让他很感动，有时，知道开家长会，他会特意请假过来。在家长会上，他积极发言，表达他对家校合作的认可与赞同，给予我极大的肯定。有了家长的理解、信任、配合和支持，班主任的工作就轻松、高效得多。多年来，我送走了一批又一批的学生，也结识了一批又一批的家长，并和他们成为好朋友，这些家长朋友不仅是我事业上的伙伴，也成为我生活中的知己，是我教育工作的宝贵资源与财富。

在初步取得家长的信任与配合的基础上，我还专门组织家长专题培训，与家长面对面，宣传家校合作的意义和方法。在培训中，我除了做专题讲座外，还结合家长的需要和兴趣，以他们的切身经历和实际体会，让家长真正参与有关问题的讨论，用他们教育孩子过程中出现的问题作为讨论素材，引导他们自己找到解决问题的办法。就学生普遍面临的问题，组织研讨，集思广益，共同面对与解决现实问题，也会针对一些具体的问题答疑解惑，给予科学指导。大量的事实和调查数据显示，当今大部分青少年承受挫折的能力比较薄弱，即所谓 AQ 值较低，挫折复原力较差。进入高中之后，学习强度和学习压力都陡然加大，许多学生出现了不同程度的不良反应，加之，我们是住宿制学校，许多学生因为不适应、想家而变得郁郁寡欢，严重影响了学习，对此家长反应强烈。因而，我组织了《青春期挫折教育》专题辅导。

在培训会上，我帮助家长分析了这种现状的成因主要来自两个方面，其一，随着生活条件的改善，多数家庭是独生子女的结构，导致许多父母对子女的教养方式是娇生惯养的，只要不出大格，多数父母会选择顺从孩子的意愿，这样就出现了所谓独生子女的一系列特质，如依赖性强、自制力差、以自我为中心等。其二，由于升学机制的局限，社会、学校甚至家长都无奈地将关注点聚焦在学生的学业、学分上，忽略了学生个性培养，以及情感、意志等非智力因素的训练与教育。这样，家庭教育就出现了极大的漏洞，而社会与学校教育又未及时跟进，在这种背景下成长起来的学生面对坎坷与挫折时，内心必定会产生极大的矛盾，感觉焦虑、惶恐，处理不好，还极易产生极端行为。

在培训研讨中发生了一件很有意思的事。竟然有好几位家长讲了同样一句话："这个孩子一点也不听我们的，我们真的是无能为力啊，拜托老师多加管教，因为孩子会听您的话的。"针对这种有代表性的现象，我告诉家长们，其实这是一种绝对的"倒错"。孩子们都是由近推远的，最近的关系就是最大的支撑。即使再难，作为家长也要努力建立深层次的依属关系，这是父母的责任，否则亲子关系就会处理不好。而存在问题的亲子关系，会让孩子的人生中遇到许多与其相关联的问题。对此，我和家长们详尽探讨了关于构建亲子关系的具体方法，比如关注、沟通、倾听、认真处理情绪等。

这样的培训和交流，反响极好，提高了家长们参与家校合作和班级管理的热情和积极性，密切了彼此的关系，很好地推动了班级工作的开展。

优秀家长现身说法，也是我在家校合作中常常采用的方式。榜样具有无穷的力量，身边的榜样更有说服力，让优秀家长现身说法，很受家长们的欢迎。

约谈式家长会。家长会是学校最常见，也最有效的传统家校合作方式。为了避免以往家长会过于刻板，无法顾及学生个体特征的局限性，高中可以开展约谈式家长会。约谈式家长会是就一些有共性的学生分期分批召开的家长小型联谊会，由家长、教师和学生三方共同完成。班主任可充分利用约谈式家长会，加强家校合作，努力实现互补共赢。在家长会上，要宣传先进的教育理念，向家长汇报学生存在的主要问题，以及学校开展的各项活动的必要性，要听取家长对学校管理和教育教学的意见和建议，并做好解释和说明工作。

如今的家长会，不再是班主任或者科任教师一味地单方面地灌输，从而缺少互动、缺少个性的说教会，而应该是一个平等沟通、真诚交流、形式灵活、注重针对性与实效性的家校合作联谊会。

亲子活动。由于传统文化的影响根深蒂固，在中国的许多家庭中，家长与孩子之间不仅缺乏信息沟通，更因为疏于表达，彼此之间的情感沟通缺失。根据不同的节日，班主任可在班级开展不同主题的亲子活动。如感恩教育系列活动。

感恩是一种生活态度，更是一种责任意识、自立意识、自尊意识，是健全人格的体现。高中班主任可结合母亲节或者父亲节，在班级组织开展感恩主题班会，请来部分学生家长，从亲情、师恩、友情等角度切入，引导学生产生共情、引发共鸣，唤起学生对父母、老师、同伴的感恩之情，进而激发学生作为独立个体思索未来，焕发出向上的奋斗动机。在班会上，不仅要让学生表达自己的感恩之情，也应给家长机会，让他们表达自己的真实感受。每次看到亲子之间的深情告白和流淌出的激动泪水，班主任都会感动不已。另外，班主任可组织亲子互通书信，交流思想，增进感情，消除矛盾，加深了解。也可设立感恩墙，班主任让学生把对父母、老师、同学的感恩之情用文字记录下来，然后发布到班级博客上。

例如，曾经有一个学生这样写道："亲爱的爸爸妈妈，请好好保重自己，在我有能力回报你们之前，请别老去！"这样的情感交流，是极具感染力的。丰富的亲子活动，为每个家庭建立良好的亲子关系做出了贡献，也因此收获了广大家长对班主任的认可和支持，这便是共赢。

诚心家访。这是又一个被班主任广泛采用、效果较佳的传统家校合作方式，比较受家长欢迎。

例如，曾经有一位同学出现了早恋倾向，据我了解，他多次追求一个外校的女生，均遭到拒绝，心情十分低落，影响了学习。我找他谈过，可他没有讲实话，我没有直接揭穿他，只是做了适当的提醒与心理疏导，绕开了他追求女生的事情。但是接下来的一段时间，他不但没有改进，而且和外班的同学打群架。我打电话联系了他的父母，可他的父母都是一线工人，不太容易抽出时间。所以，我根据他父母的工作时间，选在一个下班的时间进行了家访。这个时间段，这名同学不在家，便于我深入了解情况，又不会伤他自尊。去家访之前，我和他的家长预约过，我个人认为，家访时，老师不做"不速之客"，以免使家长因教师的突然来访而感到不自在。家访前，我也做了深入细致的准备工作，掌握了确切的信息。家访中我发现，他的父母根本不了解这方面的情况，他们的工作很辛苦，对孩子的教育基本属于放任自流的教养方式。我如实地向他的父母反映了这名同学的在校表现，包括他有早恋倾向与打群架的事实，他们听后，很慌张，一副手足无措的样子。

于是，我因势利导，讲了我的想法：作为父母，不管工作多忙，也要时刻关注孩子的成长，尤其是孩子进入青春期之后，作为家长一定要有适度的敏感度，也就是在教育孩子时要用心，把孩子的一言一行看在眼里，及时掌握他经历的事情、接触的人，了解他的思想动态，把握他的情绪脉搏。当然，我也请两位家长不必大惊小怪，惊慌失措，其实，有喜欢的女生是件很正常的事情，关键在于我们如何引导，我们要将这种情感转化为积极向上的动力。家访中，我也了解到，这名同学家境一般，父母工作忙，他有时还会帮助父母做做家务，生活上也很节俭，懂得体谅父母，我真诚地向他的父母强调了这名同学身上难得的优秀品质，并建议他们，既不能不闻不问，也不能简单粗暴，针对这名同学的问题，要心平气和，冷静处理，要巧妙地和孩子沟通，慢慢引导，双方很快达成了共识。家访很顺利，接下来，在我们双方的共同关怀与引导下，这名同学摆脱了恋爱受挫的烦恼，重新振作了起来。

家访一定要围绕事先确定的目标进行，无目的的家访可能是在浪费家长时间，还容易引起家长误解。家访之后，要建立家访档案，对发现的问题做进一步探讨。

邀请家长访校也是班主任必须重视的工作，是采用频度很高的一种家校沟通方式。因为高中多是大班额教学，班级学生众多，平时班主任的科研任务又较重，学生家庭居住很分散，这些都极大限制了家访面，家长访校就可以很好地弥补这一不足。通过邀请家长访校，与家长进行面对面的沟通，有利于准确地交流信息，化解矛盾，较好地解决问题。有时，也可以根据家长要求安排家长参观学校，听听课，看看孩子的作品展等。

家校合作，还有诸多有效的方式方法，诸如建立家校联系卡，设立家校热线等，也可以充分利用学校开展的家长学校和家长委员会开展家校合作，实现互补共赢。

站在思考的维度，心怀感念回望，班主任在无数次聆听孩子们的故事，倾听他们内心的焦虑、紧张、矛盾与孤独的时候，一个声音也就无数次地在心底响起："孩子的问题多数都与家庭教育相关。"因为每一次耐心地和苦恼着的学生深入交流，层层递进，细细寻根溯源的时候，总会听到有关家长教育失当的故事，所以，教育问题学生是治标，教育问题家长才是治本。改革中国教育，必须从改变家庭观念开始，从教育家长开始。作为班主任，有责任和义务去引导家长，提高他们的家庭教育水平。当然，在与他们沟通、合作的过程中，也会弥补班主任工作的局限性，提升班主任管理班级的素养。加强家校合作，就会实现互补共赢。

余秋雨说：与笔端相比，我更看重脚步。在有限的职业生涯中，我曾徘徊痛苦过，面对困境如履薄冰；也曾在期盼中有滋有味地一路亢奋地小跑过。担任班主任多年，甘苦自知，但更多的时候，是收获，是成长，是在广大学生和家长的陪伴下，不断进步，不断成熟，不断感受幸福的过程。面对未来，我满怀喜悦，我会在家校合作的路上继续探索，为家校合作，互补共赢奉献自己的力量。

第三节　新媒体环境下高中班级管理中家校合作策略研究

一、在新媒体背景下，高中班级管理家校合作将为学生树立良好品德

手机等多媒体为家庭和学校建立了良好的沟通渠道，给教育现代高中生具有良好的品德和做人的准则提供了新的平台，更加方便高中班主任管理班级，培养学生的良好品德。教育工作的根本任务是立德树人，现代教育要培养全面发展的全能型人才以适应社会的需求。要完成这个艰巨的任务，老师、家长、社会就要共同配合，齐心协力创造良好的教育环境。培养孩子良好的品德需要家长在生活细节上多加引导，让孩子多读有益书籍，配合老师纠正孩子的不良行为和思想。在高中班级管理中，家庭和学校要经常沟通，争取高校的教育效果，都需要依托当今强大便捷的互联网交际平台。

新媒体时代的到来为我们有效落实立德树人的根本任务搭建了平台。高中班主任要提升班级管理质量，就要想方设法提高学生的思想水平及文化素养，要求学生学好学校的课程，多摄取有益的知识，积极参加各种活动锻炼身体，提高心理承受力。在这些方面，品德是最关键的，品德教育成了家长、老师应抓的重中之重。每位老师都要认真对待。家长是孩子最好的教育者，家长在这方面的教育责任重大。要想教育孩子有良好品德，就要依靠家庭教育，只有良好的家庭教育，才能使每个学生健康苗壮地成长。父母是孩子的重要的陪伴教育者，肩负着指引孩子如何发展的重任。孩子一生下来，父母就要精心养育和教育，家长的言行对孩子有很大的影响力，言传身教都重要。如今，多媒体的广泛使用将学校和家庭紧密联系在一起，共同承担起培养孩子的重要责任。

在手机、电脑上交流成为家长和老师最直接的沟通方式。交流很方便，反馈信息也很及时，一下子就拉近了彼此的距离。对老师来说，这种新颖的方式很方便，节省了很多时间，而且可以在内容上花样翻新；对孩子父母来讲，这种方式更快、更方便，也更能跟得上时代的发展，随时都可以与老师沟通。所以，家庭和学校要想建立良好的关系，就要靠很强大的多媒体。

二、新媒体背景下高中班级管理家校合作新模式的探索

自从有了互联网，电脑、手机强大的功能以及使用的普及化，使人们的学习、工作和生活方式发生了翻天覆地的变化。电脑成了每一行业、每个部门办公营运的必需品，没电、没网络就等于宣布停工，而智能手机也已经成为人们不可或缺的工具，于是家校合作就有了一种新的联系方式和交流平台：QQ群和微信群。这种交流合作的模式没有时间和空间的限制，大大方便了教师与家长的沟通联系，提高了学校教育及家庭教育的效果。

（一）家校合作新模式的探索与思考

如今，大部分学校都组建了各个层面的家校QQ群及微信群，如校级家委群、班级家委群、全校家委群、班级老师与家长群、班级纯家长群等。而在这些QQ群及微信群里，又形成了一种不成文的规定：QQ群是家校互动的主阵地，教师与家长同在；微信群是纯粹的家委或家长群，方便家委或班级家长私下聊聊有关学校教育的事情。这些QQ群及微信群的建立虽然为家校沟通架起了一座方便之桥，但也会存在某些负面的影响。因此，如何正确使用它的功能显得尤为重要。

1. 制定公约，明确功能

在新媒体时代，各种家校QQ群、微信群就相当于家长与学校的公共空间，每个人发表的言论都必然会被大家看到，没有任何的私密性。特别是班级家长群，家长的素质参差不齐，如果在群里出现非理性的言论，就会打破正常的公共秩序，甚至造成不良影响。理想的家校群是家长和老师在共同拟定的群公约的约束下，以一切为了孩子为出发点，开展与教育有关的交流和活动，使家校合作朝着正向、和谐的方向发展。因此，我们在组建好各类家校群后，就应制定清晰的管理公约，让家长都认识到其利弊，自觉提升个人媒介素养和公共规范意识，从而严格规范自己的言行。同时，各类QQ群、微信群的管理员要时刻牢记其教育功能，承担起引导舆论走向的责任，杜绝发布一切与班级无关的信息。

另外，不同层面的家校合作群自然就应该有不同的功能定位。家委群应分校级家委、班级家委和全校家委三个层面。校级家委属于领导层，专门与学校主管领导讨论学校大事；班级家委是班主任与家委协商

班级工作的平台；全校家委群是一个大家庭，供各班级家委沟通交流和共享资源。

此外，还有各班的家委组建的自己班级的家委群和家长群，这些群往往是不让老师进去的。这看上去不像是家校合作共育的一个平台，但实际上它的存在也是家校合作的重要组成部分。因为，很多时候，有老师在场，有些家长是不敢提意见或建议的。纯家委和纯家长群就为他们开辟了这个空间。他们的意见或建议都会通过家委反映到班主任或学校领导那里，这样就更利于学校了解家长的需求，有助于学校的发展。当然，在这些群里，家委就成了学校政策的宣传者和解释者，有时还能及时将家长对学校或教师的一些误解化解在萌芽状态。

记得有一个学期，我校对教学楼外墙进行装修，对正常的教育教学秩序产生了一定的影响。来校接孩子的家长看到此情景，都十分担心孩子的安全、健康及学习状况。各班的家长在群里炸开了锅。当然，我们教师都不了解那时的情况，因为那些群里都没有老师。而学校的领导很快就接到了校级家委主任及副主任的来电，说各班家长都对学校在上课时间进行外墙装饰提出了异议。学校领导为此做出了详细的解释，家委主任马上将校领导的情况说明写成了文稿，并发给领导过目后转发到各班的家长群里，家长们的担心很快就消除了。接下来两个月的装修工程在家长的理解和配合下安全顺利地完工了。

2. 把握好交流的尺度

教师是家校 QQ 群、微信群的组织者和主导者，家长是学校和班级管理工作的同盟军。所以，教师在群里沟通时就要注意技巧，特别是要团结家长，争取家长对学校管理和班级工作的支持。

真诚沟通，赢得信任。教师和家长都有一个共同的目标：希望孩子健康成长、成才，但由于各自的身份不一样，在同一个问题上可能存在分歧。这时，教师不要立即否定家长，而是要虚心接纳家长发表的与自己不同的教育观点，并主动与他们沟通，了解家长背后的真正动机。当家长意识到教师是真心为孩子好时，自然就会愿意与你交流，就会积极主动地为学校、为班级管理出谋划策。

尊重孩子，以正面教育为主导。教师的工作非常烦琐，尤其是班主任，事无巨细，样样都得操心。有时候，教师为了节省时间，便将班里的信息不加区分地放到群里。如：统一将孩子的测试成绩连同姓名直接呈现在群里。直接在群里点名批评不交作业等表现不好孩子。这种做法虽然省事，但暴露了家长和孩子的隐私，甚至伤害了他们的自尊，对师生关系和家校关系是非常不利的。其实，家长和孩子都最害怕被老师在班级群里点名批评。因此，教师发布信息时一定要把握好分寸，要以表扬鼓励的信息为主，因为传播正能量的同时已经在批评做得不足的家长和孩子的了。至于成绩排名、批评等信息则应私下个别联系。相信家长和孩子都更愿意接受这样的教育。

坚守教育原则，讲究教育艺术。我们要尊重家长，并不意味着一味地认同家长。我们面对的是众多的家长，或许他们在自己的行业表现出色，但毕竟没有受过教育专业的培训，对于学校、班级管理以及孩子的教育，我们教师应当有职业自信。因此，在沟通过程中，如果家长的言论确实存在不当之处，教师应及时提醒，让家长意识到自己的问题所在。不过教师一定要注意语言艺术，不要让家长难堪。

其他沟通方式也不能缺。班群沟通，贵在坚持。班主任应让家长对学校工作、班级管理、学生的状态有一定的了解，以便及时引导孩子，协助学校及班级工作的开展，但家访、电话联系等方式有很多时候还是必需的。如一年级新生、刚接手的新班级，教师还是要进行家访的。对于个别特殊的孩子、特殊的情况，教师还是应主动打电话联系家长，或邀请家长到学校来沟通。这样做，更能让家长和孩子感受到教师的真诚，教育就会更有实效。

（二）拓展家校 QQ 群、微信群的功能

分享校内外活动情况，宣传班级正能量。每个班的班主任都会在班级活动或孩子的校内外活动中拍摄照片、视频，记录活动或孩子的精彩瞬间。但是，很多活动都是没有家长的参与的，他们对孩子在校内外的活动情况了解不多。学校的家长会一个学期一般只安排一至两次，班级常规课程安排紧凑也导致这些精彩瞬间不能及时跟家长和孩子分享。QQ 群和微信群则可以成为班级活动记录和孩子展示的平台。一方面，能够帮助广大家长了解孩子成长的变化；另一方面，孩子和家长也会看到身边的榜样在活动中的表现。"见贤思齐也，见不贤而自省也"，在榜样的影响下，教育便会在潜移默化中进行。此外，孩子优秀的作业、近期课堂上的好表现等信息都可以在 QQ 群微信群发布，让 QQ 群和微信群成为班级文化和孩子展示才能的平台，成为正能量宣传的窗口。

三、新媒体背景下高中班级管理中的家校合作途径

（一）新媒体背景下助力家校合作之平台

在新时期，网络媒体的飞速发展给家校合作带来许多可能，它也正以全新的姿态改变着过去的种种方式，它不再要求家校合作必须面对面进行，而是通过媒体的联络，如微信、QQ、钉钉等，家长和教师可以无障碍地沟通和交流。家长有了更充分的思考和表达的时间和空间，教师也省去了好多跑腿之烦，更能随时随地联系到家长，探讨交流更有利于学生健康成长发展的新举措。有些私密话题，师生之间，父母之间亦可隔空交流，以免去学习生活之惑。但是，师生之间的交流必须限于学生健康成长的方面，决不能偏离家校合作的范围。

社会在不断进步，每一届学生的情况不一样，以前的教育经验并不一定适合每一位学生，与时俱进是每一位教师都应该牢记的教育理念。QQ群、微信群也可以作为家长和教师共同交流学习的平台。班主任担任QQ群的管理员，班级家委会组长则是微信群管理员，教师和家委组长负责搜集、发布合适的教育类文章等资讯，供家长和教师学习。在学生成长的不同阶段，还可以有针对性地对家长家教进行指导，提升家庭教育效果，更好地帮助学生培养良好的学习习惯，提升学业水平。

在新媒体背景下的家校合作平台上，家长要尽可能多地联系老师，全面了解自己的孩子。在校如在家，只有家长重视孩子的学业，孩子才能更好地感知学习的重要性和长远意义。这是一个人走向成功的必不可少的一个外部条件。在平台角色的扮演上，教师必须是新时代下"人民满意的教师"，只有这样，才是合格称职的老师。

（二）联袂新媒体优化家校合作平台

任何事物的发展都有一个起步、发展、壮大的过程。教育也赋予教师和家长这种新的使命和权力。教师只有不断提升优化教学技能、职业素养，才能适应新时代的发展需求，才能成为自己和人民满意的教师，才能为祖国培养优秀合格的人才。这就要求相关部门必须做好教师的培训深造工作，为教师充电。家长也应当顺应时代的发展，以不断的学习来丰富自己的人生，响应家校合作的号召，为孩子创造优良的学习条件。

"百年大计，教育为本。"其实这说的不仅是教师，还有家长。面对新形势下的这一时代需求，条件许可的学校不仅要把它当成一种制度全

面推行开来，还要赋予其更多的时代内涵，让它真的成为教育中有迹可循、不可缺失的一部分。这样的教育才是健全的。真正为教育者负责的教育，也是学生更喜欢的教育。只有在这种大框架理论支撑下进行教育，学生才能全面吸收到成长的知识营养和力量。

(三) 新媒体背景下进一步优化家校合作

减负一直是教育界面临的一个沉重而尴尬的话题。上面三令五申一再要求减负，还学生真正的学习生活空间和自由，但学生始终处于被动的境地。最有利于学生全面发展且最可行的措施只有优化教育，让学生真正感受到知识的宝贵，学习的快乐。在新媒体背景下，家校合作也必须多渠道全方位拓宽优化自己的方式。如有的学校试行家长进课堂听课、视频直播学生在学校重大活动中的实况等，拉近了家长、老师、学生之间的身心距离。让三者完全融入一个幸福而广阔的教育平台，这样，学生才能在这个舞台上一步步起飞、成熟，最终赢得人生。

(四) 与时俱进，进一步彰显新媒体的个性魅力

在当代，我们的一切行为须紧跟时代的步伐，教育亦如此。只有时刻与时代的脉搏一起跳动，才能听到时代的声音，落后就要被动挨打这早已是历史的教训。虽然多媒体时代给了人们许多新知，但鉴于人们思想观念的不同，知识积淀和认知水平能力的不同，人们对家校合作的理解和运用自然各不相同，这对新媒体背景下的家校合作造成了极大的阻碍，尤其是农村的教育。好在人们接触媒体快，适应能力较强，多媒体所带来的诸多好处很快就显示出来了。目前新媒体环境下的家校合作教育教学，使用最多的有微信、钉钉、QQ等。作为新的应用程序，虽然人们不能全部熟悉使用，但大部分人还是能熟练使用，诸多曾经不熟悉，甚至怕使用的家长也逐渐感受到诸多便利。通过这些程序，他们能更纵深地熟知教育，更新教育教学观念，为进一步掌握教师的教学和学生的学习生活情况打开了一个崭新的生活交流平台，更为以后的全新媒体时代的发展奠定了一个坚实的基础。对学生而言更是如此，因为年龄小，又生活在新媒体时代，学生对多媒体的熟知和熟练使用自然不在话下。更好之处在于借助多媒体平台，他们不仅得到了要知的东西，还在这别样的天地和世界中，有了"天高任鸟飞，海阔凭鱼跃"的空间和舞台。学生的能力和未来都是无限的，随着时代的快速发展和日新月异，能跟上他们生活思维节奏的，也许只有新媒体和新媒体为他们提供的广阔平台。就这一点而言，新媒体的个性魅

力无与伦比。

（五）亲密牵手，让新媒体成为新的维系与平台

教育不是一个简单的截面或平面，对于其内容人们可以一目了然，它是一个很复杂的话题，有深度，有广度，多维一体。学校教育、家庭教育、社会教育是其骨架和核心，教育灵魂是其价值走向，又有丰满的肌肉和澎湃的血液填充其中。传统的教育总是把这三者隔离开来，认为教育主要是学校的事，基本和家庭、社会无关，即使有也只是一种附带增生。这样简单粗暴的做法是把教育简单浅显化，是把教育合力推向悲剧的深渊。随着时代的发展和人们对教育认知水平的日益提高，人们开始认识到家庭教育和社会教育在教育中的重要性。它们与学校教育同等重要，是学生教育的一个完整有机组成部分，并伴随教育终生。更为幸运的是，这些年随着新媒体时代的跟进与发展，人们终于不再迷信于陈旧而片面的教育观念，而是慢慢更新，新媒体背景下的新家校合作也终于迎来了合力奔跑的时代。在这个新的奔跑模式开启和运行的过程中，虽然会有些许的不如意，但毕竟人们已经进入这个奔跑模式和合力共进的平台，这对于在新媒体背景下的新家校合作是一件振兴人心的大好喜事。更令人欣慰的是，在这个新媒体背景下的新家校合作平台上，不仅教师学生能无限提升发挥自己的潜能，就是家庭和社会教育这两大块，同样具有不可估量的潜能。亲密牵手，让新媒体成为新的维系与平台是教育的发展趋势，也是时代的要求与呼唤。

第四章　新课改背景下
高中班主任班级管理创新研究

第一节　新课改对班级管理的新要求

一、新课改对班级管理工作的新要求

(一) 及时更新教育思想

贯彻素质教育，要求教育工作者摆脱应试教育的束缚，树立正确的教育思想。正确的教育思想表现为深入贯彻国家教育方针，使学生德、智、体、美、劳全面发展，适应社会主义现代化建设，成为社会主义事业的合格建设者和接班人。班主任作为学生在校接触最多的教师，其教育思想直接影响着学生的成长。

作为班主任，首先要以社会主义核心价值观为导向树立正确的价值观。中国特色社会主义建设对人才素质和学校教育提出了更高的要求，学校要把社会主义核心价值体系融入学生教育全过程，优化教学知识结构，丰富学生的社会实践，强化学生的能力培养。学校教育体系是德育、智育、体育、美育的有机融合，学校教育的目的在于提高学生的综合素质，使学生成为德、智、体、美全面发展的社会主义建设者和接班人。其次，要树立全新的质量观。教育质量的内核是学生的素质，要求学生具有全面发展的能力和水平，这就要求班主任在教育管理中做到因材施教，善于发现学生的个性并加以培养。在发展学生的特长时，既要帮助学生打好文化科学知识基础，又要开发学生的潜能，培养学生的综合能力，为实现中华民族伟大复兴的中国梦奠定良好的基础。

(二) 夯实理论知识基础

在实施班级管理和学生教育的过程中，班主任要运用先进的教育理论来指导实践，通过多渠道获取理论知识，明确自身的职责和班主任工作的

意义。先进的教育理论对于班主任提升心理素质、改善工作内容和方法都有很大的帮助。班主任要积极吸收当前教育背景下最新的教育思想，结合自己的工作实际，在实践中运用理论，加深对教育理论的理解与掌握，进一步明确理论的正确性和重要性。

（三）了解班级学生的心理特点

从目前学生的成长状况来看，绝大多数学生能够在成人的监督下顺利完成学校教育，但也存在一些不良现象，如有的学生上学只是为了混个文凭，考试成绩好坏无所谓。在这种思想主导下，学生就会表现为纪律松弛、生活懒散等。这些问题的存在，妨碍了素质教育的全面实施，对学生的健康成长产生了消极作用。面对这些问题，班主任除了完成学校布置的工作，抓好班级正常秩序的同时，还要深入了解青少年的身心发展规律和行为特点，有针对性地加以正确引导。班主任要经常与科任教师交流，分析班上学生的思想状况。学生出了问题，班主任要本着实事求是的原则，客观理性，帮助学生明辨是非，进而帮助他们形成正确的世界观、人生观和价值观。

（四）掌握科学的管理方法

班主任开展管理和育人工作，除了要有无私奉献精神，还要有科学的管理方法。大多数班主任都身兼教学和班级管理两项任务，既要完成繁重的教学任务，又要管好班上学生的生活与学习。他们无私奉献，把自己的全部心血投入工作上，然而高效率的工作不仅需要一腔热情和高度投入，科学的方法也很重要。采用恰当的方法，可以取得事半功倍的效果。班主任要善于吸取他人的经验教训，学习优秀班主任的班级管理方法，结合自己班上的实际情况灵活运用。

（五）提高教育科学研究能力

素质教育要求班主任本着严谨的治学态度研究自己的教育实践，以现代教育理论为指导，设计、实施、评价和改进自己的工作模式，创新班级管理工作。通过总结教育经验、教育实践、专题研究等形式，探讨构建新课程结构的模式，优化教育管理过程。在工作中发现问题并解决问题，对经验进行理论概括并与其他班主任共享。

二、新课改对班主任能力的新要求

（一）组织管理能力

班级是学校进行教育教学活动的基本单位，也是由许多鲜活生命组合在一起的一个小集体、小社会。班主任是班级的组织者和领导者，是学校贯彻国家教育方针、促进学生全面发展的骨干力量，班主任的基本任务是在学校校长的领导下，全面贯彻国家教育方针，实施学校的各类教育计划，开展班级管理工作。一个班级有四五十人甚至更多，班主任要引导班级每个成员都朝着一定的目标努力，就需要具备一定的组织管理能力，组织学生参与班级管理，制定各类规章制度，开展各类班级活动，营造丰富的班级文化，营造民主平等的师生关系，以培养学生能力为目标，促进每一个学生的发展。班主任发挥这种组织管理能力应在社会主义核心价值观教育理念指导下进行，切不可以一般领导者和管理者的身份居高临下地对学生发号施令，或利用行政手段对学生加以限制，要在充分尊重学生的前提下实施管理。

（三）人际协调能力

在班级管理中，各科任教师的管理与学校领导对班级的关注、对班级的建设，起着重要的作用。科任教师也是班级管理的直接参与者。但是，由于各学科的教学特点及教师个人知识、素质、爱好、兴趣等方面的差异，各科任教师对班级有不同的期望和要求，这些期望和要求有时甚至是矛盾的。班主任应当协调和平衡各科任教师之间的关系，联系和组织他们共同商讨本班的教育工作，积极交流班级和学生的情况，使他们了解班级，了解学生的差异，并协调各种活动和学生的课业负担，对学生提出恰当的要求。实践证明，班主任在学校领导和科任教师之间所起的作用是非常重要而又微妙的。因此，班主任要努力协调好其中的关系，与他们融洽相处，齐抓共管，形成合力，减少内耗。

（四）社会交往能力

影响人的发展的因素是多方面的。班主任除了应当做好以上工作外，还应努力建设好促进学生发展的外部环境，争取家庭、社会各方面的支持和配合。家庭教育对学生的影响不可低估，班主任可通过家访、书信、电话、微信等方式与家庭取得联系，建立合作，互相交流，反馈信息，争取家庭教育与学校教育相得益彰。对一些社会团体、公益组织组织的社会活动等也应积极利用，争取配合。与社会上各种各样的人交往联系，需要班主任具备一定的人际交往能力。所以，班主任要发挥教师的独特魅力，疏通各种关系，争取有利条件，创设良好的育人氛围，使学校教育、家庭教育、社会教育三者有机结合起来，全方位立体化地发挥外部条件的作用。

（五）用爱心、细心和耐心来对待学生

1. 用爱心关怀学生

著名教育学家巴特尔曾经说过："爱是一种伟大而神奇的力量，老师承载着爱的目光，哪怕仅仅是投向学生的一瞥，孩子们幼小的心灵都会感光显影，映出美丽的图像。"学生渴望爱，班主任必须把爱的种子撒向每个学生的心田。要对不同性别、年龄、出身、相貌、个性以及关系密切程度不同的学生做到一视同仁。俗语说，十个指头有长短，但必须是完整的"十个"。在一个班集体中，优秀的学生通常不是特别多，所以班主任不能把目光仅集中于那几个优秀的学生身上，而是不管学生优秀与否，我们都要去关注他。因为教育好每个学生是我们教师的责任，是社会、家长的期望。可以设想，如果班主任只是对一部分学生施以爱心，而对另一部分学生毫无感情，这样不仅会造成师生之间的感情对立，而且会影响学生心理的健康发展。特别是有些学生，本来在家中就缺乏爱，如果来到学校再得不到爱，他们就会感到十分自卑，从而情绪消沉，不能形成正确的自我认识，影响他们对美好未来的积极追求，甚至会使他们对人或社会产生憎恨的心理，更可能会给社会留下后患的种子。而那些被老师偏爱的学生也容易受到孤立，会形成任性、自视清高、目中无人、意志力薄弱等不良性格，影响进步。在国家的九年义务教育政策下，还是会有极少数学生没有完成义务教育，特别是偏远山区的学生。为了实现中华民族伟大复兴的中国梦，我们必须改善贫困地区教育设施，为边远山区孩子的教育提供良好的保障。作为高中班主任，我们有责任爱护他们，使他们顺利完成学业，简单地说就是"一个也不能少"。有些班主任可能会出于私心，为了自己便于管理，将一些成绩和纪律都较差的学生"砍尾巴"。对这些学生的教育，如果家长和老师不关心，久而久之，这些学生就会厌学，导致辍学。在班主任工作中，"防流控辍"是重要工作，因此，班主任应该热爱每一个学生，用自己的热情和真诚去打动、教育学生，让学生真正感受到老师对他们的关心与爱护。

2. 细心观察学生

班主任要更好地开展班级工作，首先就要细心地观察、了解每一个学生，了解他们的家庭背景、人际关系、个人兴趣爱好等多方面的内容。平时，在课堂上观察学生的表现，课后交流中注意学生的表情和眼神，从而了解学生的心理活动，并恰当合理地进行教育。例如，现在的初中生早恋现象较多，班级里有个男生给我发信息说想和某个女生同桌，经过调查，我发现他暗恋那个女生，想发展早恋。知道情况后，我跟他讲了早恋的影响，让他明白青苹果虽然很可爱，但它的味道是酸的、苦涩的。经过交谈，这位男生打消了早恋的念头，把更多的精力放在了学习上。对于上课玩手机的现象，我在班会课上这样强调：科技迅猛发展的时代潮流，谁也阻挡不了，如果禁止你们带手机回学校上课，这是不可能的，但是，中学生应该正确对待手机等高科技的东西，如果让手机影响课堂的 45 分钟，那它将会影响你的整个人生，这种影响明显地"弊大于利"。

3. 教育学生要有耐心

要做到耐心，首先要有宽容之心。"人非草木，孰能无过。"面对学生的错误，班主任应当做到"换位思考，将心比心"，宽容大度，耐心教育，争取和学生取得良好的沟通，给学生一个自省、自查的机会，使学生认识到自己的缺点、过失，以达到教育的目的。其次要常到教室跟学生进行交流。班主任在学生面前不要摆出一副高人一等、盛气凌人的架势，而是要随和、平易近人，以朋友的姿态与学生谈心 、交心。这样，学生就会将班主任视为知心朋友，乐于接近，乐于交谈，并愿意服从班主任的教导。

第二节 新课改背景下高中班级管理特征与原则

一、新课改背景下高中班级管理特征

（一）班级管理民主化与科学化

作为班主任，职责要求和工作性质决定了在班级管理过程中必须树立为学生服务的思想，即班级活动设计要有育人目的，体现针对性、思想性、时效性特点，新课改背景下班纪班规的制定要有整体性和导向性，形成团结互助、积极向上的班风班貌，建立平等、信任的师生关系。

只有把班级工作的话语权交给学生，让学生按照学校的总体要求和班级规范要求一起商讨办法、贡献智慧，班级文明程度和凝聚力、向心力才能得到显著提升，在教师引导下，通过班委会、学生骨干和全体学生协商表决班纪班规，是全体成员共同的价值追求。

班会应是班级的"立法"机构，各项制度的制定，较大事情的决策，都要通过班会集体讨论后大家做出决定。班会做出的决定，班主任、班委会、班干部都要贯彻执行。班级的工作应从空间范围上做到"事事有人干，人人有事干"，从时间范围上做到"事事有时做，时时有事做"。"一日常规""一周常规""每月常规"的制定，形成了班级工作在时间顺序上的程序化、规范化，是落实班级每个成员的职责和要求的规范。

新课改背景下班级管理要走向正规，就要注意信息反馈，引导学生发现生活中的快乐，达到学中求乐，苦中求乐，帮助学生确立适当的学习目标、人生目标，形成好的学习习惯、生活习惯。

（二）从班主任权力影响到非权力影响

苏霍姆林斯基说过："教师的威信是教师智慧和思想的结晶。"班主任是班级工作的组织者和领导者，班级工作要想顺利开展，班主任就要有高度的威信。威信高的教师能以其自身的思想修养、工作作风、知识才华去激励和感召学生，使之产生巨大的向心力。作为班级教育者、组织者和领导者的班主任，其威信的有无高低，直接关系着班级教育管理的成败，也是衡量每个班主任工作水平的重要标志。

班主任是班级管理特定位置上的"领导人物"，具有制订班级工作计划，组织班委会和班会活动，对学生的操行进行评定的权力，有着表扬和批评、奖励与惩罚等权力。权力是一种控制力。在新班级建立初期，班主任的权力因素在班级管理中起着非常重要的作用。班主任的非权力因素则是由班主任自身的素质和行为所决定的。非权力因素对心理和行为的影响力，是建立在信服的基础之上的，通过潜移默化的影响，作用于学生的内心世界，从而形成稳定持久的内驱力。它由班主任自身的品格魅力、丰富而渊博的知识、情感因素组成。随着学生对班主任的了解不断增进，原来的权力性影响力会慢慢淡化，逐渐转化为非权力因素影响力。

（三）班干部轮换制度

所谓班干部轮换制度，是指所有的班干部定期更换，同学之间互相竞争，轮流"执政"，通过竞争上岗，学生的工作实力、负责任的工作态度、处理问题的能力、争取同伴支持理解的向心力等都将得到提升和改善。采用这样的班级制度，每个同学都有机会组织一些班队活动，都必须应对班级的一些常规的或突发的事务。班干部轮换制，可以让同学们有机会展示自己，发现自己，有利于班主任老师选择有能力的班干部，组成有力的核心班团委，做好班级工作。合理运用班干部轮换制，打破了班干部任用的"上级任命制""终身制"，这不仅关系着班级管理的成功，还关系着学生能力的培养和健全人格的养成，有利于增强服务意识，培养协作精神，极大地调动了学生参与班级管理的主动性、积极性。

（四）注重学生的自我管理

苏霍姆林斯基说："真正的教育是自我教育，是实现自我管理的前提和基础；自我管理则是高水平的自我教育的成就和标志。"苏霍姆林斯基的观点，对于班主任老师推行班级管理方式变革具有重要的指导意义。

目前在校的中学生，大多是独生子女，他们享受着来自国家社会、学校、教师、家长的厚爱，生活的环境比较优越，个人意识较强，但对自己所承担的责任却很少思考，缺乏责任心、危机感、使命感。面对新时期的挑战，培养学生的责任心、自主管理能力，是激发学生增强独立意识、判断事物是非观念，促进他们形成良好学习方法的重要手段。

新课改背景下的班级管理，遵循学生成长规律，追求学生的自主管理，极力倡导开发学生的创造性潜能，促进学生自我发展，充分发挥学生在管理过程中的积极性、主动性和创造性。此时的班主任首先应从班级管理的前台退到幕后，由演员变成导演，建立"以班主任为主导，学生为主体"的班级管理机制。其次，要着重培养学生的自我管理能力，这样，既减轻了班主任包办的大负担，也增进了同学之间的团结友爱，锻炼了每个学生的工作能力。学生在自我管理过程中，自我认识、自我组织、自我监督、自我调节、自我评价的能力得到迅速提高，从而为形成优良的班风准备好了思想条件。

（五）班级管理教育手段现代化

网络的迅猛发展给学生的道德观念、价值取向和行为方式都带来了深刻影响，为班主任开展思想政治工作提供了现代化手段，拓宽了思想政治工作的空间和渠道。当前，在实践中运用信息技术条件下的班级管理实践形式有：利用QQ聊天架起班主任与学生的"连心桥"；电子信箱为教师与学生的联系开辟了新途径；开展网上论坛解决班级管理中的问题和困感；倡导网上留言为班级征集活动内容。

新课改背景下的学生收集、处理信息的能力在逐步增强，建立班级网页能够突破教室的限制，在网页中设立班级制度、班级荣誉墙、班级论坛、班主任信箱等项目，体现了班级活动的互动性、及时性特征，使班级管理工作充满了强烈的时代气息。在班级管理中，让学生通过 QQ 聊天、电子邮箱、网上论坛等形式，针对班规、班里重大活动的决定、学生对管理班级的建议，以及对班级中一些事情、现象等发布看法，让学生畅所欲言，各抒己见。采用现代化技术手段参与班级管理工作，充分发挥了学生的积极性和主动性，不仅激发了学生的兴趣，也增强了学生的参与意识，以及主人翁责任感，增强了班级凝聚力。

二、新课改背景下高中班级管理的原则

（一）尊重原则

1. 尊重学生的人格

作为人都有人格，而每个人的人格是平等的。一些班主任往往因传统的师道尊严思想的影响，无视学生的人格，对学生采用"长者"的姿态压服，从而引发师生之间的对立现象，引起了学生的反感，从而增加了班级管理的难度，也失去了班级管理的教育目标。因此，作为班主任，应把学生当作一个与自己平等的人来对待，明确师生是价值平等的主体，尊重学生的人格。

在班级管理中，尊重学生的原则还有以下几个具体要求：首先，尊重学生就要求教师不管学生怎样，都应该一视同仁，无条件地从整体上接纳学生，给予关注。其次，在班级管理中，班主任应相信学生，对学生充满积极的期待。学生作为一个逐渐发展的个体，往往有着各种各样的优点，也会出现这样或那样的错误。教师要充分相信学生，对学生的优点给予肯定，对学生的错误要学会容忍。在全面了解学生的基础上，对学生的发展持积极乐观的态度。在这种良性期待和积极暗示的心理氛围下，学生受强烈的自尊心的驱使，一定会努力进取，完善自我。

2. 尊重学生的个性

作为班级中的学生，有着自己不同于他人的特点和个性。因此，班级管理需要个性化，应该承认学生的个性差异，依据多元评价理论对学生进

行正面而积极的评价，使学生体验到自己能够被承认的快感，从而唤醒学生的自我存在意识，让每个学生都能够看到自己的闪光点，看到自身的价值，鼓起自信的风帆，这样学生就有可能到达成功的彼岸。

在西方，最早注意到学生个性差异并提倡根据学生个性差异而进行教育的教育家是古罗马的昆体良。他认为，教育的过程是对学生的关心。人的心性是不同的，教育者必须根据学生的心情进行教育。首先是因为人的观察力不同，倾向各异，教育应根据其观察力、倾向性进行施教。其次，必须遵循儿童的年龄特点，要了解并且确定儿童在不同年龄时期的接受力。

在班级管理中，尊重学生个性的原则有以下几个方面的具体要求：

第一，开发学生潜能。在班级管理中，班主任应注意学生潜能的开发，研究学生潜能开发的有效方法，牢牢掌握每个学生的发展优势，通过对优势有效强化，树立个体自信心，引导个体去弥补弱势，实现人人都能成才的教育理想。

第二，尊重学生差异。学生与学生之间具有各种各样的心理差异，如有的学生比较迟钝，而有的学生很聪明；有的学生活泼好动，而有的学生沉默寡言；有的学生善于交际，而有的学生喜欢独处。因此，在班级管理中，尊重个性的原则就要求班主任承认学生的差异，重视学生的差异，研究学生的差异，从学生的实际情况出发，有的放矢，区别对待。

第三，注重多维的个性评价。在班级管理中，单一的评价模式往往会忽略学生的背景差异，忽视学生发展的个性特点，不仅不能对学生的发展起积极的指导作用，而且抑制学生的创造性、情感、意志等重要品质的发展。因此，尊重个性原则要求班主任在班级管理实践中进行多维的个性评价，在承认学生有个性差异的基础上，用"多把尺子"来衡量学生，采用多种模式来评价学生。

（二）全面管理原则

班主任在管理过程中要始终坚持使学生全面发展，并且要把所有学生作为自己的管理对象，一视同仁，兼顾全局。这里的全面发展，不仅不排斥个性发展，而且是以每个人的自由发展为条件的。这就是我们所说的全面管理原则。在班级管理实践过程中，全面管理原则对于促进学生全面健康成长具有非常重要的意义。

1. 重视学生的全面发展

首先，一所学校办得好坏，要从德、智、体、美、劳诸多方面全面衡量，要看这所学校毕业出来的学生是不是德、智、体等全面发展，不能只看升学率的高低。不仅要看已经升学的毕业生的表现，还要看没有升学的毕业生在德、智、体诸方面是否经得起考验。学校的教育质量要靠教学来实现，因此，班主任在实施班级管理的整个过程中都应该注重学生的全面发展。近年来的教育实践证明，只有遵循德、智、体全面发展的办学规律，才能培养出合格的人才。学校管理人员，尤其是班级管理者，应该把德、智、体、美、劳全面发展这条办学规律作为根本的指导思想，作为衡量教育质量的主要标准来指导自己的管理活动。

其次，一个人是不是合格的建设人才，要看他是不是德、智、体、美、劳等全面发展。有德无才，仅仅是思想品德好，缺乏科学文化和专业知识，没有为人民服务的本领，并不是合格的建设人才；有才无德，即使学习优秀，文化科学和专业知识扎实，但思想品德不好，只想为自己谋利益，不愿为人民服务，更不是合格的建设人才；有德有才，但由于忽视锻炼，体质虚弱，不能坚持工作，空有报国之志和建设之才，也不是理想的建设人才。所以说，有德无才，有才无德，有德有才而体质很差，都是畸形发展、片面发展的结果，这几种类型的人，都不能承担社会主义建设的重任，班级管理者必须树立使学生全面发展的观点。

2. 和谐的班级人际关系

全面管理原则的一项基本要求就是：建立和谐的班级人际关系，让学生感到快乐和自豪。但是，许多学校并未实现这一目标要求。大多数学生害怕惩罚、嘲笑和失败，这种害怕使得顺从的学生以一种社会可接受的方式表现着自己，却未使他们对学校和学习感到兴奋和快乐。研究表明，学生在一种免于强制和恐吓的气氛中会学习得更加刻苦努力，争取学生合作和信任是解决问题的途径之一，教师必须找到授权的方式以释放学生的潜能，而不是强制他们行事。教师必须让学生真正感觉到：课堂里没有嘲笑、羞辱和指责。

3. 积极的课堂文化

全面管理原则重视组织文化的形成，学校和班级创建积极的组织文化虽然是一个"软指标"，却非常重要。积极的课堂文化应该是一种尊重学生的观点、问题，有宽松和谐的环境，以及鼓励学生提问、概括、假设和陈述的课堂氛围；高度鼓励和评价学生的积极参与，形成学生之间及教师和学生之间的相互合作关系；高度评价学生的学术的严谨性和对已有思想和观念的质疑；等等。

与此同时，全面管理原则强调课堂教学环境的建设。改变课堂环境的一个最有效而简便的方法，就是改变教室中桌椅的摆法。教室中桌椅的环形摆法实际上传递着这样一种信息：学生是重要的，教学是以学生和学习为重心的，有利于创造一种合作的氛围和环境。近年来的研究显示，传统的直线式摆法有利于讲授学科知识的内容，但环形摆法更能促进学生主动发言，通过变换座位的排列方式可以培养学生主动参与课堂讨论的积极性。

4. 个性特长的发展

从受教育者的个性发展来看，品德、智力、体质、审美和劳动能力等素质在受教育者个体身上的特殊组合是各不相同的，由此构成了他们的个性特点，表现出各自不同的全面发展的个性。个人的全面发展和个性发展是辩证统一的，因此，我们讲的全面发展绝不是要求每个受教育者各方面的平均发展而成为同一模式的人，而是包含着个性的多样性和丰富性。所以，教育要使受教育者根据自身的特点发展有益的个性。

贯彻全面发展原则，要防止出现强求一律、千人一面，统一教育的管理模式，以免限制受教育者的个性发展。没有个性，就很难有创造性；教育培养出来的人没有创造性，就不符合社会主义新时期对人才的要求。事实上，学校教育的总体要求虽然是相同的，但个人的禀赋、爱好、性格以至环境条件不一定相同，这样，人与人之间的差异自然就会出现。管理者不能用固定的尺度和框架去要求学生，而应按照不同的要求、不同的层次评价和管理学生，善于发现学生的特长，给他们以精心培育，帮助他们发挥自己的长处和优势。只有这样，我们的学生才能被培养成各行各业出类拔萃的人才。学校培养出来的人只有具有主动性、创造性，才能够适应和促进社会主义市场经济的健康发展。

与此同时，班级管理工作必须坚定不移地全面贯彻党的教育方针，除了促进学生的全面发展，还应注意管理必须面向全体学生。

(三) 民主管理原则

民主思想被引入教育领域，带来了教育的民主化。教育的民主化包含

"教育的民主"和"民主的教育"两个方面，前者是把政治民主扩展到教育领域，使受教育成为每个公民的权利和义务；后者是把专制的、不民主的教育改造成为公平民主的教育。民主的教育当然需要民主的管理与之匹配。

为了既发挥管理者的聪明才智，又调动被管理者的积极性，班主任在班级管理中必须遵循民主性原则。

1. 民主管理理论

美国著名教育家、哲学家杜威认为，民主不仅是一种政治形式，主要是一种联系生活、交流经验的方式。民主的社会有两个基本的标志：每一个人在社会中自觉地相互分享各种利益的数目和种类，以及一社会和另一社会之间相互影响的范围和自由。这种社会必须有一种教育，使每个人都有对社会关系和社会控制的个人兴趣，都有能促进社会的变化而不致引起社会混乱的心理习惯。

所谓民主管理原则，就是在管理中要充分发扬民主，实行民主管理。班级管理中的民主性原则，就是在以班主任为主的管理者对班级实施管理的基础上，充分发挥全班同学的积极性，让他们充分行使民主权利，共同参与班级的管理工作，从而依靠群众的智慧和力量，把班级管理好。

在班级管理过程中，实行民主管理原则，是实施科学管理、提高管理效率的需要。班级管理工作是一种复杂的创造性劳动，单纯依靠班主任和科任教师的积极性是远远不够的，还必须注意充分调动和发挥学生参与管理的积极性。任何有才能的领导干部，其个人才能与群众比较起来，总是非常有限的，群众是真正的英雄。只有遇事相信群众，依靠群众，善于激发和集中群众的智慧和力量，才能实行有效的管理，班级管理也是如此。

2. 民主管理活动的原则

平等、公平、公正是民主的基本要求，没有教育和管理中的平等、公平、公正就谈不上民主。因此，班级民主管理应坚持以下几个基本原则：

（1）权利平等原则

教师在班级管理过程中，在价值和尊严的意义上，要平等地对待每一个学生。无论学生的性别、种族、信仰、社会阶层和文化背景如何，他们都有平等受教育的机会，都享有平等的权力。学生也是教师学习的对象，教师和学生只是分工不同，在教学中应当共同成长，因此，必须平等相待。

每个学生都是班级中的一员，参与管理班级是他们的基本权利。在班级管理工作中，管理者之间的相互监督是非常必要的。要达到班级管理的民主化，必须加强群众性的检查监督，每个学生都有监督班级工作的权利。班级管理不只是班主任的事，学生也要全面地参与进来，班级管理中的监督不只是针对学生的，班主任和科任教师也要接受监督。学生和教师全面参与班级管理，是民主管理的固有之义。

（2）差别对待原则

在管理的方式方法上，班主任要有区别地对待每一个学生。孔子施教，各因其材，我们也必须"因材施管"，了解每个学生的家庭出身、社会背景，了解学生个性的差异、学生愿望的区别，以及爱好的不同、学习水平的高低、学习能力的特点，采取有针对性的方法指导帮助每个学生。

（3）机会均等原则

由于在历史发展过程中中国人长期受农耕文明的影响，小农经济背景下渴望平均的思想一直是中国平民的理想，中国的农民起义也多以"均贫富"为目标。其实平等并非平均，而是机会均等。机会总是稀缺的，如当班干部、"三好学生"、学校比赛中的代表等。民主的管理，是让每一个学生都有同样的获得机会的权利，但并不保证每个人最终得到的结果都相同，也不是平均分配机会。

3. 民主管理原则的基本要求

（1）依靠学生的主体力量

学生参与管理是班级民主管理的一种较为直接的形式，在班级系统中，学生是一支重要的力量。班级管理，需要班主任、科任教师及全体同学共同努力。班主任要认识学生，依靠学生，尤其应该注意以下几点：

首先，必须正确认识学生在班级管理过程中的地位。在班级管理过程中，学生既是被管理者，接受教师的管理，又是管理者，在接受管理的同时也参与管理，处于双重地位。

其次，在正确认识学生发展水平和心理特点的基础上，依靠学生做好班级工作。

再次，班主任要针对学生的不同情况，提出不同的要求，充分发挥每个学生的作用，促使他们为做好班级工作而共同努力。

班级管理的实践充分证明了这一点：只有按教育规律和班级管理规律办事，认识学生，依靠学生，充分发挥学生的作用，班级工作才能蓬勃向上，教育质量才能迅速提高。反之，班级工作就会出问题，教育质量也会下降。

（2）教育与实践相结合

民主管理原则，是中学班主任都应努力遵守的。这不仅因为中学生都有参与管理的意识，而且具有一定的管理能力。一些班主任之所以贯彻民主管理原则效果不甚理想，主要原因在于缺乏对班级学生的民主教育和民主管理训练。一些班主任采取无声的民主行动，但没有起到激励作用，主要原因是学生对班主任的民主行动不理解，或是班主任采取民主行动的时机选择不太合适。既教育，又行动，同时选择具有一定"风险"的教育时机，效果一般会好些。

民主管理原则不仅是指尊重班级学生，让其参与班级的管理工作，使学生形成班级主人翁的意识，也指班主任教师以班集体一员的身份，即班主任教师以民主行为、民主作风完成班级管理的具体任务。因为班主任教师的这种模范行动不带有任何强制性，它通过班主任无声的行动影响学生，带动学生，激励学生。这种民主管理原则的特点就在于此。

（3）民主化治班

民主化治班，要充分发挥学生主体性的客观需要。只有这样，才可以调动各科任教师和广大学生的积极性、主动性、创造性，为社会主义物质文明和精神文明建设培养出更多更好的新时期需要的建设人才。

首先，学生是班集体的重要成员，参与管理班级是他们的基本权利。在班级管理工作中，管理监督的上下结合是非常必要的。为了实现班级管理的民主化，有必要强调群众性的检查监督，给学生监督班级工作的权利。班级管理不只是班主任的事，其他科任教师和学生也要参与管理；班级管理也不只是管理学生的事，班主任和科任教师也要接受监督管理。发动教师和学生实行全员管理，这是我国社会主义学校班级管理的一大特点和一大优越性。

其次，我们的学校是社会主义学校，是人民的学校。只有让广大教职员工和学生参与管理，才能够增强他们的主人翁意识，增强他们的责任心。没有班级管理的民主化，班级管理工作是搞不好的。

4. 班级民主管理的措施

在班级管理过程中，遵循民主管理原则实行民主化管理，主要可采取以下几个方面的措施：

首先，班主任工作要具有透明性、示范性。班主任的工作计划要定期向班级公布，让每一个学生知晓班级管理情况；班主任本人要树立民主意识，认识到学生是班级的主人，班主任是班级中的普通一员。

其次，对班干部的基本职责履行情况进行监督。班委会要在制度规定的范围内开展活动，接受全班同学的监督；在班级中不允许有"特殊公民"，更不能允许班干部滥用职权欺压普通同学。

此外，在管理过程中，应对所有科任教师的工作成效进行及时反馈和交流。教师可以评价学生，学生也可以评价教师，不能因为所处地位不同就否认学生对教师评价的价值，学生对教师喜爱与否虽然可能是凭直觉的，但是学生的直觉也是有理由的，同样有参考价值。

最后，要重视班级重大事务的民主决策与共同参与。在班级管理中充分发扬民主，如评选"三好学生"、改选班级干部等重大事件应采取集体决策方法；还要为学生发表意见和建议提供机会，创造条件。有些同学不能参加班干部或团队会议，或者即使在班级会议上也不愿意发表意见，就要为他们创造其他条件。

（四）协同管理原则

在班级管理活动中，班主任负责全班每个学生的思想、学习和生活的方方面面，是班级的组织和教育者，是联系班级所有科任教师进行教育、教学、管理的纽带，是沟通学校、家庭和社会教育的桥梁。

班主任不仅是教学班级的负责人，还是教学班级科任教师的协调者。因此，班主任与科任教师的协同配合可从定期的会议交流着手。

首先，在开学初召集会议。这时，学校的学期工作计划已经下达，班主任的工作计划也已初步拟定出来，所以会议内容应是班主任向科任教师说明新学期班集体建设的目标，活动安排、时间和方式，对班集体建设工作的基本要求和措施；向科任教师介绍班级的基本情况、个别学生的情况，并提出希望科任教师做哪些配合与协助工作。同时，听取科任教师的意见和建议，修订班主任工作计划。

其次，在期中考试后的一周内召集会议。一些学校称之为"考试分析会"，会议内容主要是科任教师谈在教学过程中对班级总体的看法，围绕学生的学习成绩分析其思想情绪、学习态度、学习方法等情况，达到科任教师与班主任进行学生情况交流的目的。同时，以集体的方式检查教育教学的效果，并及时调整班级教育教学工作的方式、方法和工作重点，为进一步搞好后半学期的班级教学工作和学生管理奠定思想基础。

最后，期末考试后组织会议。这次会议的内容重点应是总结班集体和个体学生的进步，同时找出集体和个体学生的不足。由班主任总结和安排，科任教师进行补充，谈打算，最后制定假期中应该克服不足的具体方法和措施。

第三节 新课改背景下高中班主任班级管理创新模式研究

一、新课改背景下高中班主任班级管理方法创新研究

（一）为学生树立榜样，时刻约束自己的言行

班主任作为班级的管理者，只有树立良好的形象，才能增强对学生的影响力。如果没有树立威信，学生便不会信服，班级管理工作就难以开展。教育是一项育人工程，言传身教是必不可少的，相比于言传，以身作则更具有说服力。作为班主任，经常与学生接触，而学生通常会以班主任为学习的榜样，因此班主任应该时刻约束自己的行为，注意一些小的细节。学生的注意力时刻都在班主任身上，一点点小问题都会影响班主任在学生心目中的形象。如果班主任行为不端正，学生便不会尊敬他，不会听班主任的建议，从而使班级管理工作无法继续下去。班主任只有做到自尊自爱，自信自强，言行一致，展现出自己的风采，才能让学生折服，从而让学生欣然接受自己的管理，为以后的教学工作打下坚实的基础。班主任要树立榜样，就应该做到：在第一次见面时就给学生留下一个好印象，获得学生的初步认可；尽快将学生本人和名字对号入座，短时间内记住并正确地念出学生的名字，能让学生心生好感，让学生感觉受到了重视，便会积极地配合老师开展班级管理工作；尽早制定出班规班纪，确立班级的奋斗目标，有了目标和压力，便能让学生具有学习的活力和为班级奋斗的动力，一起参与到班级建设中来，从而有利于往后的班级管理建设。

（二）实行赏罚分明的制度，提高学生的学习积极性

高中生生理发育日趋成熟，但作为未成年人，他们阅历不足，心理承受能力较差，受挫后也不会进行有效的自我调节，此时，班主任就显得尤为重要。适时的鼓励能帮助学生走出困境，适当的奖品能吸引学生更加主动地去学习，合适的奖赏制度能激发学生的学习动力，还能让学生相互监督、相互学习，达到自主发展的教学目标，形成良好的学习风气，使班主

任更轻松地完成班级管理的任务。有赏自然有罚，合理的惩罚制度能防止学生产生惰性。班主任应掌握好惩罚尺度，在学生心理承受范围内给学生一些暗示，让学生意识到问题的严重性即可。此外，不应该当众惩罚，应留给学生一个改过自新的机会；惩罚后应及时地关心学生，耐心地帮助学生改正错误。实行赏罚分明的制度，将提高学生的学习积极性，体现班规的可行性，有效地约束学生的行为规范，从而对班级管理产生积极的影响。

（三）给予学生必要的自由

新课改背景下的高中生的思维具有灵活性、创新性等特点，给予高中生必要的自由是班主任管理工作的必要内容。班主任对学生的培养，不仅是高效促进他们的学习，也应是对他们综合能力的一种培养，其中自主学习能力和独立思考、事能力是当代高中生必须具备的能力。为了培养学生的相关能力，班主任应当给予学生必要的自由，让他们自己去处理一些问题，并在此过程中得到能力的提升。比如说，在组织一些班集体活动时，可以让学生以及班干部共同策划组织，每一位同学都为活动的有效举办建言献策，通过学生的自我策划，逐渐提升学生的自主独立性。

（四）以鼓励为主促进学生的积极性

在传统的班级管理工作中，班主任更喜欢采取批评的方式教育学生，他们希望通过纠正学生的错误并让他们及时改正的做法，来实现学生的成长进步。这种做法虽然有助于帮助学生改正错误，却不利于学生对学习产生兴趣，过度的批评还会让学生产生自卑心理，致使内心的消极情绪得以滋生，不利于学生学习积极性的提高。另外，班主任的过度批评，也会使学生产生隔阂，导致学生从心底厌恶、抵触班主任，极不利于班级管理工作的顺利进行。因此，班主任应该转变自己的管理方式，尽量采取鼓励为主的方式，让学生能够积极接受自己的错误，并且更有动力去改正进步。

二、新课改背景下"走班制"教学与高中班主任班级管理工作创新研究

（一）"走班制"变革

在新课改背景下，随着高考改革方案的实行，高中教学模式变革势在必行，"走班制"也应运而生。具体来说，"走班制"教学是指各学科教师

在固定教室授课，学生依据各自的发展愿望、学科兴趣、学科知识及能力水平，自主选择不同教学内容、不同程度要求、不同考试难度的课堂上课，这就要求班主任更加重视日常管理，考虑不同学生学习的不同学科，及时与科任教师沟通。在日常教学中，"走班制""走"的是学生，即学生流动上课；"不走"的是教室与教师，即学校根据学科和教学内容层次等的不同来固定教室和教师。实行"走班制"教学，让学生自主选择学习内容，可以促进不同特点的学生多元发展，也有利于学生做好自己的学业及人生规划，对于促进学生的发展有着积极的意义。同时，"走班制"的具体方案是灵活的，既可实行分学科的"走班制"，也可以对所有学科都实行"走班制"，主要应依据学生发展的需求与学校的实际情况进行。

新课改背景下教育改革最核心的问题是教育理念的转换。"走班制"是学校教育理念从"寻找适合教育的学生"向"寻找适合学生的教育"的大转轨与深度变革——即从"标准化"转向"多样化"，从"规定性"向更多的"选择性"转变。这也正体现了"教育最主要的任务是如何提高人们对未知事物的兴趣，并发展探索性学习的方法"。"走班制"能够满足学生的兴趣爱好，给学生充分的学习自主权，体现了学生的主体地位。学生主体地位的彰显，有利于科任教师按照学生的学习基础和接受能力、兴趣特长，组织更为高效的教学活动，有利于让学生有的放矢地选择、安排自己的课程结构，最大限度地让不同兴趣爱好、不同学习基础、不同学习能力的学生获得与自己最相适宜的发展环境，提升他们正确认识、评价自己做认知能力，并逐渐找到自己未来发展的方向。

（二）新课改背景下"走班制"改革班级管理的新特点

在新课改背景下高中实行"走班制"，一定程度上改变了传统的班级管理模式，呈现出一些新变化和新特点。

1. 管理主体多元化

在当前的管理体制下，班级管理的主体一般包括政教处、教务处、班主任教师、相关的科任教师及学生干部等，"走班制"教学模式实施后，班级管理主体转变为包括政教处、教务处、班主任教师、涉及本班学生教学的科任教师、分散到各个学科教室的学生干部及其他所有学生。由此我们可以看到，原有的学校政教处、班主任教师等管理主体依然参加班级管理，但参与管理的科任教师及学生增多，管理的主体更加多元化。首先，所有的科任教师都参与到班级管理的一线，这对除班主任教师之外的科任教师提出了新的要求。其次，在学生干部之外，更多的学生也由原来单纯的被管理者变成了兼具被管理者和管理者双重身份的人。管理主体的多元化，有利于形成多方参与管理和多元化管理的组织系统，让学校系统内的所有成员参与到管理中来，尤其是更多学生的参与，对于培养其自觉性与组织纪律性有一定的帮助作用。另外，应注意的是，因学生来自不同班级，科任教师的管理复杂度增高，难度增大。"走班制"应该说为学生由被动地获取知识和技能转变为积极地运用知识去解决问题提供了更多的机会与可能性，但是这种转变将"提高而不是削弱教师的作用"。

2. 管理对象复杂化

实施"走班制"教学以后，教师管理的学生是流动的，而不再是固定不变的。科任教师每天面对的都有可能是不同的学生，班主任教师管理的学生也有可能一天中的大部分时间不在原有的行政班内学习。实行"走班制"后，随着每一学科授课时间的变化、师生组合的变化，各个教室的教学空间、氛围就会随之发生变化。管理主体的多元化、学生流动性的增强、班级组合的变化等因素共同造成了管理对象的复杂化，这也给管理带来了更大的复杂性与难度。这就要求作为班级核心领导者或管理者的班主任教师必须跟上变化的步伐与节奏，及时有效地做好协调工作。因此，班主任教师要运用更加精细化的管理方式，对学生进行影响、指导、引导，与学生进行心灵和心灵之间的对接、交流。班主任教师要认真做到示范、说服、坚持、耐心，甚至"苦口婆心"，不怕麻烦，如利用"走班"前后的时间，见缝插针地把时间用在学生身上，主动了解和研究学生，不断为学生发展支招、引路，真正管理好、教育好学生。

3. 管理目标人文化

基础教育是一个人"走向生活的通行证"，它使享受这一教育的人能够选择自己将要从事的职业，参与建设集体的未来和继续学习。教育的功能之一在于为社会培养新人，这些新人不仅应当具备一定的知识、能力，更应当拥有健康的人格。学生在与教师的情感交流过程中，能获得心灵的润泽、情感的满足、精神的愉悦，而这些与知识的学习、能力的提高同样重要。"教育是直面人的生命、通过人的生命、为了人的生命质量的提高而进行的社会活动，是以人为本的社会中最体现生命关怀的一种事业。"班主任教师的岗位职责规定了其更多地肩负着"育人"使命，担负着教育学生做人的责任。在新时期高考改革背景下，"走班制"改革的实施是更加符合促进学生的个性发展的基本理念。因此，在管理过程中，班主任教师一定要牢记：比分数更重要的还有学生的身心健康、正直勤勉的品行及面对困难具有独立战胜的勇气和能力。在唯分数论、只关注高考成绩的环境下，班主任教师更要多关注学生"成人"的管理与培养目标。

4. 管理制度精致化

如前文所述，"走班制"将使班级管理主体多元化、对象复杂化，这就必然要求管理制度精致化、精细化，以适应新的变化。相对于传统班级管理模式，"走班制"背景下的班级管理除了要制定出原有班级共同认可的班规外，还要为分散到各个学科教室的学生制定更为精细的学习评价制度、激励制度，创建迥异于传统班级管理模式的新的班级文化。这种文化，不仅要体现在班级的布置、装饰等上，更要体现在全体师生认可的价值追求上。这就要求管理制度的制定更加精致、精准、精细，能保证在复杂、多元的管理模式中，提高管理效率。

（三）新课改背景下"走班制"与高中班主任班级管理创新策略

1. 继承传统，育人为先

"走班制"在西方一些国家已有很长的历史，也形成了较为丰富的基础理论和实践经验，我们在吸收、学习的同时也要注意结合本国的文化传统和基本国情，创造出适合中国的"走班制"。钱穆曾说："今天，我们东方人的教育，第一大错误，是在一意模仿西方，抄袭西方。不知道每一国家、每一民族的教育，必该有自己的一套。"中华民族优秀传统文化是中华民族的"文化基因"，不仅是中华儿女原发性创造力的基础，而且与我们根本的价值观息息相关。可以说，我们价值观层面的东西，是根源于中华民族的文化基因的。高中生正处在"非成人"与"成人"之间的年龄段，自制力、人生观、价值观尚在发展中，所以班主任教师一定要坚持育人为先原则，倡导学生加强传统文化学习，在"走班"过程中，有意识地营造大大小小的"学习型社区"，提供更加人性化的育人环境，促进学生能判断、会选择，能理解、会反思，能包容、会合作，能自律、会自主等这些核心素养的形成。

2. 敬畏规则，规范纪律

班级是一个"特殊"的规范性组织，与其他组织一样，需要各种各样的规范来维持其正常运转。但是，这种规范不是一成不变的，且具有因"人"而异、与时俱进的特点，这就规定了它的特殊性。尤其在"走班制"改革后，表现得更为明显。因此，班主任教师在班规的建设上，除了要完成必要的规定活动外，还要引导学生进行自主选择活动。班主任教师通过引领学生、吸引家长参与班规的修订，可以让学生在自我管理、自主选择的基础上习得社会规范，实现初级社会化。康德认为，孩子们最初被送到学校，目的并不是要他们从学校里学习知识，而是意在使他们习惯于静静地坐在教室里，严格遵守他们被要求的东西。因此，班主任教师要重视制度建设，只有致力于建立起适合"走班制"教学的一整套科学、合理、完备的考核、评价制度，才能够化繁为简、举重若轻，将班级运行过程中的每一个细节都尽收眼底，并让运行在这个轨道上的每一个个体都各展其能、各尽其才，得到及时的鼓励和公正的评价。班主任教师除了要完善制度，还要信赖并敬畏制度，做到制度面前人人平等。

班级是一个逐渐成长起来的、可持续的、不断变化的发展性组织。班主任教师要注意开发学生的潜能，发展学生的各种兴趣与才能，培养学生的多样化能力，在引导学生形成个人价值观的同时，构建集体价值观。班主任教师不仅要主动发掘班级的正能量，而且要善于抓住负能量因势利导，特别是在指出学生违犯纪律、处罚学生的基础上，要让学生懂得上课如何遵守纪律。比如，通过召开主题班会，把学生的犯规作为一次难得的教育契机，通过恰当的教育引导学生认知能力的提高。

3. 优化管理，权责分明

"走班制"实施以后，学科教学的班额较大，学生流动性较强，科任教师难以在短暂的一节课里熟悉全部的学生，会有"抓不住学生"的感觉。如果这些问题集中凸显，则会给班级管理带来更多的问题。班主任教师可以依据学校提供的资源以及权力进行权威性分配，强化涉及本班学生教学的科任教师及分散到各个学科教室的学生这两个子系统的整体行动能力，赋予他们一定的协调、管理职能。针对"走班制"教学中暴露出的学生集体观念淡化、思想教育和组织集体活动困难等问题，班主任教师应充分发挥学生的作用，建立一支高水平的学生干部队伍，分学科、分节课组织本班学生"走班"上课。这样不仅能激发学生的主体意识，并逐步形成促进学生健康成长的学生干部选聘激励机制和评价奖惩机制，也会在一定程度上保障管理中的有效监督，能够有效提升班级管理的效力。

4. 搭建平台，整合信息

"走班制"带来的学生分散、流动性强等管理问题，可以借助信息化手段来解决。班主任教师首先要建立班级管理的现代化信息平台，采用现代计算机技术及信息化管理系统，将教务处、政教处、各科任教师及学生信息，都纳入智能化信息处理平台之中，形成有效的班级管理信息互动平台。班主任教师应利用这个平台，对各种散乱的信息进行整合，及时了解学生"走班"听课状况，解决"走班"带来的混乱和无序等问题，使班级管理多元化、立体化、信息化，实现教学管理的程序化、网络化。同时，信息平台的运用，能够加强教学督导、及时反馈教学信息、及时收集和处理师生意见，对于教育督导和评价都有重大的促进意义。

目前，高中班级管理模式创新在实践中存在两种比较典型的问题。一是"旧瓶装新酒"，即班主任教师直接将传统的班级管理模式机械地套用到"走班制"教学的班级管理模式中来。因学生"走班"面广，班主任教师如采取措施不力，可能会出现班级管理松散现象。二是以"科任教师取代班主任教师"的简单对接，即以授课教师代行班主任教师职能。因学生随上课节次的变化而波动，科任教师面对的学生集体多，难以将精力聚焦于某一固定的学生集体中，因而班级管理效果也可能不好。高考改革从统考"套餐"变成选考"自助餐"，减轻压在学生肩上"科科学、门门拼"的重担，让学生有了更多的选择性。所以，学校一定要积极研究新时期高考改革背景下高中班级管理模式创新，让班主任教师能更好地引领学生主动发现自己的优势和特长，学会选择和规划自己的人生。

第五章　高中班主任德育工作创新研究

第一节　高中班主任德育工作开展的重要性

一、新时期高中生思想道德的表现

在新时期，我国政治经济全面转型，经济全球化速度加快，一方面为未成年人的全面发展创造了更加广阔的空间，另一方面则给未成年人的成长带来了不可忽视的负面影响。是否关注新时期学生思想道德表现，重视新时期学生思想道德教育，直接关系着中华民族的整体素质，关系着中华民族伟大复兴的中国梦能否实现，具有十分重要的意义。

（一）新时期学生思想道德积极方面的主要表现

青少年时期是人生发展和道德品质形成的关键时期，作为班主任，了解并掌握青少年的思想道德现状，积极引导青少年形成健康向上的思想道德品质，非常有助于青少年的健康成长。在新时期，学生思想道德状况主流是健康的，他们勇于抛弃旧意识、旧观念，积极追求现代文明品行，在思想道德建设中有非常积极的一面。

1. 热爱学习，有正确的人生追求

在新时期，多数学生对自己的人生追求十分明确，强调通过自身的努力，实现人生价值，对自己人生的发展方向有一定程度的思考。认真学习，追求进步，为早日实现中华民族伟大复兴的中国梦努力奋斗仍是学生中的主流。日益激烈的社会竞争让学生早早地感受到了生存的压力，他们会十分现实地考虑自己的将来，对自己的学习成绩比较关心，表现出强烈的成才愿望。

2. 文明守纪，有良好的公德意识

在新时期，多数学生崇尚文明，讲礼仪、讲诚信，尊老爱幼，注重家

庭美德。如见到师长主动问候，帮家长做力所能及的家务事，爱护公共设施，乘坐公共汽车主动给他人让座，使用礼貌用语等。这些事实表明，学生是我国社会中讲道德、讲文明、守纪律、有礼貌，最纯洁，最具有公德意识的一个群体。

3. 积极乐观，有健康向上的人生观、价值观

在新时期，物质优越和教学环境的改善，使大部分学生能接受良好的教育。他们思想健康向上，有强烈的同情心和爱心。在道德上，对诚实守信、乐于助人的精神能主动看齐，对那些损人利己、自私自利的丑恶现象深恶痛绝。他们更追求人与人之间的和谐、真诚、友善，对不文明现象能够挺身而出，予以制止。在寻求学习进步的同时，更重视对亲情、友谊、身心健康的追求，这说明新时期学生在整体上具有健康向上的人生观、价值观。

4. 主体意识显著提升，人际交往能力逐渐增强

随着社会的发展，中学生主体意识和合作意识明显提升，从他们身上可以清楚地感受到时代的变迁。大多数学生的是非标准清楚，懂得基本的法律知识，能够遵纪守法。在人际交往方面，大多数学生能够较好地处理老师、父母、同学之间的关系，融入社会的欲望强烈。

（二）新时期学生思想道德方面的消极表现

经济全球化、文化多元化的影响，给学校德育工作带来了前所未有的新情况、新问题、新矛盾。受社会上道德失范、封建迷信、金钱物欲、享乐主义等消极因素侵蚀和不良媒体传播的负面影响，以及一些学校教育主渠道、主阵地、主课堂作用的虚化、弱化，一些学生思想道德的形成出现了一定的偏差，主要表现为：

1. 自我中心意识较为突出

少数学生特别是独生子女，以自我为中心，缺乏合作精神，在学习生活中不懂得谦让，私心也较重，吃好的，穿名牌，花钱大手大脚，享乐在前，不能吃苦，不珍惜父母的劳动成果，在承担责任、关心他人、勤俭节约、自我管理等方面存在先天不足的情况。他们常常以自己的价值标准评判一切事物，很少从他人的角度考虑问题，做事摇摆不定，学习缺乏动力，消极心理强，常常陷入矛盾困扰之中，且不能及时有效地自我调节。

这一切严重影响着他们正确学习目标的实现和对人生价值的准确判断，容易产生逆反心理。

2. 感恩和责任意识缺乏

少数学生沉迷于网络游戏，从而与人直接交往的机会减少，以至于家庭成员之间、邻里和同学之间的感情联系变得越来越少，既缺少对现实生活中的关怀，又忽略他人对自己的关怀，把自己封闭在一个狭小的人际圈子里，不懂得感恩，认为父母、老师对自己的爱是理所当然的，对他人、社会，自然缺乏责任意识。

3. 缺乏诚信意识

当前，随着我国改革开放和经济全球化的不断加快，一些负面影响也日益表现出来，令一些中学生缺乏诚信意识，撒谎、作弊、违纪等现象在部分学生中比较普遍。一些学生不愿意刻苦学习，却又想表现自己，于是用弄虚作假的手段骗取成绩，欺骗老师和家长。

4. 自律能力较差

当前，个别学生知行有所偏离，导致自律意识淡薄，自控能力较差。一些学生在社会公德实践中的表现令人担忧，粗言秽语、随地吐痰、吸烟喝酒、乱扔杂物等现象普遍存在。还有一些学生盲目地崇拜偶像，把明星当作仿效的对象，作为精神支柱，这是典型的自律能力差，知行有所偏离的表现。

中学生思想道德存在诸多问题的原因是多方面的，作为班主任有责任和义务来改变青少年思想道德建设现状，理性地分析，科学地教育，不断探索适应学生特点的思想道德建设新途径，从总体上推动学生思想道德建设工作。

二、学生思想道德建设的形成

学生思想道德建设的形成是一项基础性、长期性、复杂性、系统性工程，而高中阶段又是学生行为习惯与人生观、价值观、世界观形成的关键时期，所以，班主任在学生思想道德的形成过程中具有十分重要的作用，他们的品德和言行直接影响着学生的品德和言行，他们的道德修养和自身的品行素质将对学生的一生产生非常重要的影响。

近几年来，许多班主任在班级管理中，积极研究和探索新时期学生德育工作的规律和特点，德育内容不断拓展，在学生思想道德建设中形成了生动活泼、扎实有效的德育工作的基本思路。坚持"大处着眼、基础抓起"，以鲜活生动的教育活动，以多样的教育方式使德育教育贴近实际、贴近生活、贴近学生心理，对学生形成良好的思想道德起到了决定性的作用。要想实现中华民族的伟大复兴，学生思想道德建设必须秉承社会主义核心价值教育观念。

（一）重视学校教育对学生思想道德建设形成的重要作用

1. 提倡"底线"教育

长期以来，我们在教育学生时只注重高格调的教育，却轻视了低层次的"底线"教育，因而产生了不少弊端。例如过分强调学习能力教育，却忽视了"珍惜生命"的底线教育，导致一些学生因课业负担过重或因遭受挫折而轻生。因此，作为班主任，应大力提倡"底线教育"，一是分清层次，循序渐进；二是从点滴做起，从现在做起；三是贴近生活，切合实际。只有这样，才能有助于解决只唱高调、不切实际的道德教育弊端，才能为良好思想道德的形成奠定坚实的基础。

2. 加强"网德"教育

网络教育是学生思想道德建设的重要内容，一方面，网络生活已经成为我们日常生活的一部分，另一方面，网络沉迷现象令人担忧。因此学生良好思想道德的形成，离不开班主任对学生文明上网和网络安全的"网德"教育，但由于缺乏有效的监管机制，学生的网络行为还存在许多不文明的现象，如有些学生利用网络查阅不适合身心健康的内容，有些学生在智力"挑战"的诱惑下，制造谣言，有些学生沉迷于网上暴力游戏……这些状况，对自制力较差的学生而言，不仅带来了学习成绩下降、旷课、逃学的危害，严重者甚至因此而违法犯罪，给班主任的思想道德教育工作增加了难度。因此，班主任必须重视以下几项工作：一是培育学生的网络道德观。通过讲座、示范、警示教育等形式，引导学生逐步分辨哪些行为是道德的、合法的，哪些行为是不道德的、不合法的，从而自觉规范自己的行为；二是学校和家庭教育密切配合。在网络教育上，学校和家庭应当同步进行，避免相互冲击和抵消；三是践行"绿色上网"。建议家庭在网络上安装过滤软件，引导学生接触健康有益的东西，自觉抵制不良信息。

3. 重视思想道德教育与心理健康教育的结合

在学生良好思想道德的形成中，班主任要重视思想道德教育与心理健康教育的结合，二者互相促进，相辅相成。现阶段一些学生的行为，从表面上看是思想品质的问题，实际上并不单纯是思想问题，还有其心理原因。如有的学生不愿好好学习，还故意和老师、同学作对，究其原因，有可能是心情郁闷、心理压抑所致。班集体中思想落后、不求上进的学生，往往心理问题最多。因此，解决当前学生中存在的某些问题，单靠思想道德教育还不够，还必须把心理健康教育和思想道德教育有机结合起来，这样才能对学生良好思想道德的形成起到决定性的作用。

4. 加强中华民族优秀传统美德教育

中华民族传统美德是在我国漫长的历史发展过程中逐渐形成与发展起来的，至今仍有积极作用，继承和发扬优秀传统道德对于培养青少年基本人格和情感，弘扬和培育民族精神具有不可替代的作用。因此，班主任加强学生的优秀传统美德教育意义重大。

一是培养公德心。在中华民族传统道德中，无数民族脊梁自觉地把个人命运与国家根本利益联结在一起，忧国忧民敢为天下先，他们的精神值得学习。这种道德精神正是教育我们正确处理人际关系的道德基础，它已成为现代生活的一个重要内容。一件事情处理得好与坏，涉及公德心的问题，而公德心正是从中华优秀传统美德中培养的，需要从小抓起。

二是培育爱与荣的意识。中国传统社会一直推荐"仁者爱人""和为贵"，强调互相尊重、以诚待人。正如孟子所说，"君子以仁存心，以礼存心，仁者爱人，有礼者敬人。爱人者，人恒爱之；敬人者，人敬之"。一个孩子不知道如何去爱与尊重别人，就不会真正懂得被人爱、受人尊重的意义和价值，就不会真正得到别人的尊重与爱。因此，在学校的德育教育中，要培养学生爱人与尊重别人的意识。另一方面，社会、家庭、学校要尊重爱护学生，只有受到真正的关怀，人格受到尊重，学生才能"以礼存心"，当他们长大进入社会后，才会真正懂得爱人与敬人。

三是增强爱国主义精神教育。班主任要让主流道德精神成为我们思想道德文化的核心价值，而爱国主义就是主流道德精神的核心价值之一。孟子提出的"富贵不能淫，贫贱不能移，威武不能屈"，可以说是集中体现了中华民族的尊严。古往今来，在国家兴衰民族存亡的紧要关头，无数仁人志士所向无敌、挺身而出，甚至不惜以身报国。翻开中华民族的历史长卷，诸如屈原自沉汨罗，以身"死国"，岳飞"仰天长啸"，屈死风波亭，"开眼看世界"的林则徐，维新成仁的谭嗣同，横眉冷对千夫指的鲁迅，以及无数为国捐躯的民族英雄身上都体现着民族精神和爱国精神，他们是我们中华民族之魂。所以在中学德育教育中要突出爱国主义精神的教育，这样才能使学生认识到无论何时、何地、何种情况下，作为一名中国人，始终都要以祖国和人民的利益为重，尤其要从小立志，使自己的价值观、人生观与中华民族伟大复兴紧密相连。

四是弘扬民族优秀文化。弘扬民族优秀文化是中华美德的传承工程，无论过去、现在和将来，中华美德都是我们中华民族的根本所在，灵魂所在。我们在培养和教育青少年时，一定要坚持育人为本、德育为先，那么德的根在哪里？魂在哪里？就在于一代代传承下来的中华民族优秀文化。找准了根、找准了魂，就找准了青少年思想道德的治本之策。讲中国话，写方块字，读国学经典，这就是我们的根，这就是我们所有青少年最根本的思想道德形成的灵魂所在。

（二）注重家庭教育对学生思想道德形成的重要影响

父母是青少年成长之路上的第一任老师，可以说家庭潜移默化、细致入微的影响非常重要。家庭教育的内容应侧重于对个人修养、家庭伦理观念的熏陶，父母的道德垂范、父母期望构成的合理配置以及家庭气氛的情理交融等。有了家庭思想道德教育这个基础，才能使之与学校和社会的思想道德教育相辅相成、相得益彰。

1. 个人修养的培养

良好的个人修养是文化、智慧、善良和知识所表现出来的一种综合美德，是崇高人生的一种内在力量，是优秀品位与价值的外在体现。作为家长应通过"亲子共读"，帮助孩子进行大量的阅读，使其保持平和心态、积累丰富知识、获取前人智慧、提高个人品位。那么，阅读什么书籍对修身养性最有帮助呢？

一是文学巨著。建议孩子先从中国四大名著入手。父母帮助查阅有关四大名著的点评的经典评论以及相关书籍。在阅读这些评论的过程中，帮助孩子学会开始积累赏析文学作品价值的心得。

二是唐诗宋词元曲。阅读诗词曲，引导孩子体会语言的巧用、妙用，领略词语的丰富用途之余，提升个人在表达、书写时的水平。当然，这种提升不是一蹴而就的，而是要长期、大量地不断实践。

三是励志类书籍。拜读杰出人士的书籍，就是"站在巨人的肩膀上"看世间千姿百态，从而学习积极进取、崇尚科学、尊重规律的处事方式。长期地模仿成功、豁达人士的处事态度，学生会渐渐拥有宽阔的心胸，确定远大的志向并能为实现目标而孜孜不倦地努力。认真奋斗的人，浑身散发着令人欣赏的魅力。推荐书目有：李开复先生的《做最好的自己》，俞敏洪老师的《永不言败》等。

四是科幻、科普、常识等书籍。科幻书籍能打开丰富的想象世界的大门。科普和常识书籍能增加、补全、完善学生的综合学科知识。博学的人，往往思维活跃，各类知识在头脑中储存着，形成一个细密的网络。博学的人容易触类旁通，发散思维。由于他的知识面广，看待事物就更为科学、全面、客观，久而久之，就会成为令人信服的人。这也是提升学生个人修养的一个方面。家长可根据孩子的兴趣，选择相关的书目。如果一时没有感兴趣的类别，可以带他到书店逛逛，以找到合适他的书籍。

事实上，提高个人修养、品位，应该是终身努力的目标。除了上述的一些书籍，通过下棋，欣赏音乐、书画等多种途径，也能提升个人的修养。

2. 家风的熏陶

家风是一种潜在的无形的力量，在日常的生活中潜移默化地影响着孩子的心灵，塑造着孩子的人格。家风是一种无言的教育、无字的典籍、无声的力量，是最基本、最直接、最经常的教育方式，它对孩子的影响是全方位的，孩子的世界观、人生观、性格特征、道德素养、为人处世及生活习惯等，都会打上家风的烙印。可以说，有什么样的家风，就有什么样的孩子。

一是高尚的精神情趣。父母要追求高尚的精神情趣，带头把家里的精神生活搞得充实、高雅、丰富，防止精神污染。有些父母追求低级趣味，对孩子的影响极坏，比如抽烟、喝酒、赌博。父母可以用看书、赏花、听音乐等好的习惯来影响孩子，孩子身临其中，也必然受到审美情趣的熏陶。

二是浓厚的学习气氛。"文风"是家风中重要的一种风气，是培养孩子性情、熏陶孩子素养的重要方面。热爱学习、崇尚知识，让家庭充满学习氛围，这是一种智慧的追求。孩子在这种环境的影响下，久而久之，也会变成知书达理的"绅士"或"淑女"。信息时代要求我们建立学习型家庭。无论父母做什么工作，都应该热爱学习，崇尚知识，让家庭充满学习气氛。

三是和谐的家庭关系。良好家风的重要基础是团结、平等、和谐的家庭关系。家庭关系不正常，经常互相指责、埋怨、争斗，孩子感受到的是冷淡、冷酷、敌对等情绪，心灵深处就会留下痛苦的伤痕，自然会影响到学习成绩。为了给孩子的成长创造一个良好的环境，家庭成员之间应该和睦相处，互相关心，互相爱护。父母对孩子要民主，主动倾听他的意见，平等协商。家庭成员间都应注意情感的投入，彼此给予温暖、关怀，这是一种心与心的交流，"爱要大声表达出来！"。为了孩子，一定要加强家庭成员之间的团结，给孩子创造和谐的家庭环境。如果父母不注意家庭中人际关系的建设，不注意情感投入，夫妻经常争吵甚至动手，孩子就会在争斗的环境中形成野蛮的行为。一个留级生说："我在家没法学习。爸爸妈妈整天吵架，不是砸玻璃就是摔东西，有时妈妈几天不回家，爸爸就拿我撒气，有时我看到爸爸坐在墙角抽烟，一抽就是几个钟头，我心里也烦极了，哪有心思学习呀！"大家想想，这样的家庭怎能培养出有教养的文明人。

另外，家庭中不能没有歌声和笑声。要让孩子的生活充实，家庭中必须有健康的精神生活。人们需要物质生活，也需要精神生活；需要学习、工作，也需要游戏、休息；需要严肃，也需要活泼、幽默。家庭气氛过于沉闷，不利于孩子良好性格的形成。有些父母担心与孩子嬉笑打闹有失"家长威严"，其实这种想法不对，与孩子在一起欢乐地游戏，有助于增进两代人的感情，孩子和你亲近了，反而会听你的话。父母如果总绷着脸，孩子反而会敬而远之。总之，只有使家庭充满欢乐的情趣，才能使孩子、大人的情绪得到调节，体会到天伦之乐，提高家庭的凝聚力，从而形成综合的家庭教育力量，促进孩子良好思想道德的形成，推动孩子健康快乐地成长。

3. 重视孝心教育

我们中华民族有个古训叫"百善孝为先"。"孝"是我们中华民族的传统美德。几千年来，它始终是衡量一个人品质高低的重要标准之一。在当今社会，不仅要求我们对父母尽儿女之孝，还提倡我们尊老爱幼、扶弱济贫，要求我们对祖国尽忠心，对社会有责任心，懂得回报父母、老师、他人和社会的感恩之心。那么，如何在家庭中进行孝心教育呢？

一是让孩子理解父母的艰辛。有意识地把孩子带到自己的工作场所，让其亲身感受父母工作的艰辛，从而自然而然地心生敬意。如有可能，还可以让孩子适当地参与父母的劳动，加深体会。

二是让孩子从小事做起。《新三字经》里的"能温席，小黄香，爱父母、意深长"，指的是汉朝时因孝敬父母而闻名的孩子黄香，9岁丧母后，非常孝敬父亲。每当夏夜临睡前，小黄香就坐在父亲的床上把蚊子赶走，把蚊帐挂好，再用扇子把席子扇凉；而每当冬夜，他就先睡进父亲的被窝，用自己的体温把被子焐热，再请父亲睡下，不仅如此，小黄香在学业上也十分出色，当时就有"天下无双，江夏黄香"之说。显然，小黄香表达孝心的方式都体现在细节上。在日常生活中，细小的关心最能表达孝心。因此，对孝心的培养也应从细微处入手，为父母倒上一杯水，给父母捶一次背，让疲惫的父母欣赏一段音乐，好吃的东西请父母先尝……点滴小事既可行，又可以持之以恒，还容易养成习惯。

三是让孩子获得表达孝心的机会。孩子表达孝心需要具体实践，如果一直没有恰当的机会，光有孝心却无从表现，久而久之，那颗孝心也被淹没了。作为家长要懂得"舍得教育"之意：父母不要因为担心孩子"疲劳""做不好""学习分心"而不给他们表达的机会。曾有一位母亲卧病在床，14岁的儿子主动要求为母亲熬药、做饭，但这位母亲犹豫再三，最后不但支撑着下床熬药，还自己动手做饭端给儿子吃。"母亲即使生病了也用不着我的帮助！"男孩心中产生了这样的想法，日常生活中对父母的劳累和难处就变得不闻不问。其实，增强孩子对家庭的责任感，让他们有更多的参与家庭事务的机会，久而久之，就有可能培养出孩子的孝心，就能使孝心在孩子身上扎根。

四是让孩子在父母的言传身教中受到熏陶。父母言传身教的作用无须多说，但应当指出，这种言传身教必须发自真心，而不只是为了做给孩子看。真孝心还是假孝心，瞒不过孩子，孩子一旦发现父母对长辈的孝心是一种伪装，是为了让孩子变得孝顺而粉饰的，那么，它对于塑造孩子的心灵将是一种毁灭性的打击。另外，以父母的言传身教来激发和培养孩子的孝心，这一过程也非一朝一夕之功，那种以为"讲清道理就行了"的想法，是非常可笑而有害的。

五是让孩子感受孝敬父母的幸福感。千万不要让孩子觉得孝敬父母是一种强迫性的劳动，是一种额外的负担，孝敬本应发自内心，岂能被迫表达？在棍棒威逼下是不可能培养出孝心的。孝心，只有在家庭融洽的氛围中，在相互理解的基础上，在爱心的驱使下，慢慢地养成，并逐渐成为一种自觉的行为。一旦孩子表达了孝心，父母应该及时表现出欣慰和满足，必要时还应给予一定的鼓励，让孩子觉得孝心的表达非常值得，非常快乐,非常幸福,毋庸赘言,孩子若能怀着满腔幸福感一次次地表达孝心,那么,离这一传统美德的最终养成,就为期不远了。

(三) 重视社会教育对学生思想道德建设的深远影响

社会教育使青少年在社会大课堂中学习、锻炼,体验社会生活,感受时代气息。用社会上的文明成果熏陶自己,是青少年道德发展的需要。

1. 学生思想道德建设的形成需要社会教育

一是整合社会对青少年的影响的需要。我们正处在一个社会转型期,快速变动的社会环境,使青少年面临着太多的社会影响源。必须通过发展青少年社会教育,来整合和主导这些影响源,使它们朝着有利于青少年成长的方向发展。二是青少年道德发展的需要。发展社会教育,有助于使青少年在宽松自由的环境中激发道德学习兴趣,提高道德践行能力。随着年龄的增长,社会对青少年的影响和作用会越来越大。社会教育担负着为青少年提供学习和成长榜样等责任。三是改善学习的需要。过去我们对学习的认识存在片面性,忽略了包括社会认知的学习、社会经验的学习、社会情感的学习等。心理学家早就讲过,一个人如果对社会没有兴趣,他是很庸俗的。人的社会意识、知识和情感是需要培养的,而不是靠自然而然地形成。四是弥补学校教育不足的需要。现在学校教育存在的问题很多,如学的书本知识与生活相脱节、学科之间的知识构不成联系、学生缺乏整合运用的机会等,这些都需要由社会教育来配套和补充。

2. 青少年社会教育要突出法制意识的培养

对青少年的社会教育要注重法治教育。现在青少年犯罪呈上升趋势,必须引起各方面的高度重视。过去很长一段时间,我们只重视思想教育,而忽视法治教育。直到今天,法治教育依然是我们教育中的薄弱环节。学生思想道德建设的形成,需要人们学好法,用好法。不仅需要人们"规规矩矩",还需要人们懂得自己的权利,追求自己的权利,用好自己的权利,获得自己的利益。开展青少年法治教育,要侧重使青少年了解作为公民的权利与义务,了解法治的精神和理念。我们原有的青少年法治教育往往偏重于对违法犯罪行为的防范,是警示型、防范性的教育;今后,我们要侧重于权利型、理念性的法治教育,即让青少年了解自身的法定权利,学会维护自己的合法权益,尊重他人的权益。

社会教育在青少年法治教育中可以发挥特有的作用。首先,可以提供更为丰富的法治教育资源和形式，司法机关、公安机关、共青团、律师协会等机构，都可以以多种形式参与对青少年的法治教育，使青少年通过耳闻目见，切身感受和学习法律知识；其次，可以为青少年法律意识的养成提供实践的场所和机构，通过组织青少年参与法律实践活动，如依法维权，参与社区法治宣传，参与社区的民主管理等等活动。

此外，班主任应充分利用节日、纪念日活动开展道德实践。如"学雷锋日"开展义务劳动，清明节号召学生开展"网络祭英烈"活动，母亲节开展尊老爱幼、孝敬父母的感恩活动等。

可见，学校、家庭、社会教育在学生思想道德建设的形成中具有举足轻重的作用。因此，班主任只有正确认识学生思想道德教育的现状，采取科学的行之有效的思想道德教育方式，将学校教育和家庭教育、社会实践活动紧密结合起来，才能从根本上消除学生思想道德方面存在的消极问题，从而为学生积极的思想道德形成创造条件，才能促进青少年思想道德素质的提高。

三、高中班主任德育工作开展的重要性

立德树人，培养德智体美全面发展的人才，既是当前社会发展的需要，也是教师职责能力的体现。在当前社会思想多元化发展，学生价值观念良莠不齐的情况下，高中班主任德育工作的必要性日益突显。作为学生生活及学习的管理者，班主任是最了解学生、与学生接触最多、对学生影响最大的教师，高中班主任开展德育教育工作不仅能提高德育教育的针对性和实效性，还能及时帮助学生解决各类思想问题，促进学生健康成长。在当前高中教育普遍重智育、轻德育的形势下，高中班主任更应该明确工作定位，充分认识到德育工作的开展具有如下几个方面的必要性。

（一）高中生的成长特点需要班主任加强德育教育

高中生处于身心发展的重要阶段，他们逐步由青少年向成人过渡，在这一时期，学生的思想容易波动，会产生许多青春期的烦恼，且学习压力增大，父母的约束减少，容易受到外界不良信息影响。此外，高中生大多具有鲜明个性，自我意识强烈，却缺乏集体意识和团结合作精神。由于高中生的学习能力和获取信息的能力很强，他们往往思维活跃，但是非辨别能力和自我管理能力还较为缺乏，需要教师加强引导。另外，当前很多高中生皆为独生子女，独立性较差，贪图安逸，一定程度上缺乏艰苦奋斗的精神。高中生的这些特点都需要班主任加强对其的德育教育，通过有效引

导,灵活施教,培养他们的健康品格和道德意识,使他们成为中华民族伟大事业的接班人。

(二) 高中班主任德育工作符合时代发展需要

随着现代科技的进步,经济发展日新月异,以知识为载体的"知识经济"风靡全球,社会对人才的标准越来越高,不仅要求人才具备相应的文化科学知识,更需要具备相应的道德素质,这给教育带来了巨大挑战,提出了更新的要求,使得德育在现代教育中举足轻重。作为学生的主要管理者,高中班主任应当充分认识德育工作的重要性、时代性、思想性和高尚性,寻求新的德育教育模式和方法,有效培养学生的核心素养,为国家建设和经济社会发展夯实人才基础。

(三) 德育工作对于学生道德品质培养的重要性

学校的德育工作中心是坚持习近平新时代中国特色社会主义思想,这对于高中学生的思想规范和引导具有很强的时代意义。高中班主任应紧密结合中国教育的现状和实际,帮助学生身心更好地发展。学校德育工作关系着新时代的发展,体现了时代感和实效性,具有与时俱进的特点。如何做到贴近实际、贴近生活是一个班主任老师应该研究的问题,针对新课程改革的现状,德育越来越凸显出其积极意义和重要作用。学校作为育人的基地,德育是学校教育的重要组成部分,对于学生人格修养的提升、道德品质的发展都有着十分重要的意义。所以,老师向学生渗透德育知识,能够帮助学生确立远大的目标,塑造健全的人格,班主任老师是领头人,对于学生的发展更是起着至关重要的作用。

第二节 高中班主任德育工作中存在的问题及原因

一、高中班主任德育工作中的问题

(一) 现实伦理价值对学校教育的冲击

以往的学校教育,主要是对社会环境的净化,德育传递的是道德基本原则和规范。但是,在当今社会转型时期,人们的思想发生着新的变化,多元的价值取向、不同层次的思想观念对青少年的生活产生了多方面的影响。学校所宣扬的价值体系与现实生活中的伦理价值有差别,客观现实并非学校德育所描述的那么美好、单纯，人与人之间的关系处理远非易事。比如，学校教育要确立集体主义价值观，学生有时候面对的却是为个人打算，以个人为中心的社会状况；学校教育要助人为乐，诚实守信，现实中却常有助人者被诬赖，信任别人却上当受骗，讲实惠比讲奉献更得到肯定的情况；学校教育学生要努力学习，文化立身，社会现实中却存在高考中考作弊和买卖文凭的现象，"好成绩不如好爸爸"的论调。如何在复杂的社会环境中引导学生理性掌握并明确运用道德原则，坚持做人准则，这是新时期学校德育工作面临的一个新问题。

（二）传统观念与现代理念交织

传统美德的继承和发扬是德育的重要内容。但是如何在市场经济条件下赋予传统美德新的内涵，把握传统美德的时代特征，处理好诸如奉献与责任、艰苦朴素与提高生活质量、牺牲自我与珍惜生命等之间的矛盾，以达到传统观念与现代理念的融合统一，这是学校德育工作面临的又一个新问题。

（三）网络虚拟性的负面影响

信息技术的发展及其网络的扩大，形成了超越国界、超越意识形态的全球化信息网，这既便利了学生与他人的交流，又给学校德育工作带来了新的问题。比如，面对虚拟世界，如何加强网络道德教育，既不欺骗他人，也不受他人欺骗；如何在网络时代加强学生现实生活的交往，引导他们既能够利用网络沟通交流，也不自我封闭、离群索居；如何在网络交往中尊重不同地域的文化差异和不同的价值观，同时不至于迷茫自己的方向，丧失自我判断和发展；等等。

（四）学生思想品德的失真

这是德育面临的诸多问题的焦点。从某种意义上说，德育正处于一个尴尬境地，许多学生在思想上没有形成"说了就应该去做"这样一种观念，也有不少学生人前人后不一样，校内校外不一样。许多学生只有"关于道德的观念"，却没有真正形成"道德观念"。这种品德失真现象在今天尤为突出。

（五）公平之中有缺陷

我国的高级中学教育还没有纳入义务教育范畴，这样的现实就导致高一招生实行选拔性考试，导致整个高中阶段的教育基本上就是以高考为主轴的教育，高考成绩成为衡量学校优质与否的最主要标准。社会、家庭、学校都把注意力集中在学生的学业成绩上，考上北大、清华成为标杆，成为荣耀，考上"双一流大学"成为焦点，为此，高一招生的时候，品德的考核流于形式，甚至连形式也没有，高中招生时评价学生的唯一标准就是分数，以分取人被视为唯一公平的机制。这种做法，体制使然，无可厚非，但容易出现教育不公平现象。最近几年，不择手段抢夺高分资源的乱象有所缓解，原因是地方行政部门出台了新的政策，规范了招生秩序，收回了学校招生的自主权，由行政部门统一组织考试，统一组织招生。不少地方政府为确保高考录取率不下跌，或者提升名校录取人数，采取了省级示范学校优先录取的政策，这样一来，一个地方的优质生源就自然归属于示范性高中了，但这种招生办法，亏待了非示范性高中学校，也把青年学生及早地分为三六九等，不利于教育资源共享。在教育资源中，学生才是最大的资源，但这样的招生方式不利于学业成绩中下等学生的发展，对示范性高中来说，的确是一大利好。用这种方式招来的学生，学业成绩方面是没有问题的了，唯一困扰老师的是学生的德育教育问题。我们承认，分数高的学生，绝大部分在各个方面都比较优秀，但我们必须看到，还有少部分学生并不是品学兼优的，少数学生也有道德失范现象。班主任老师绝不能小觑"少数"与"个别"的负面影响力。要知道，千里之堤，有时候会毁于蚁穴。要通过深入生源学校走访、班级活动中的观察分析、个别谈话等多种形式，准确了解学生的思想道德状况，对品行不够优良，或者问题较多的学生，要制定必要的制度，提出严格要求，精准发力，在盯住人的同时，听其言，观其行，促其改正，使他们在良好的班级环境中"改邪归正"。

二、高中班主任德育工作中存在问题的原因

（一）思想上高度重视，行动上轻视乏力

德育一直是一门老师思想上高度重视行动上乏力的课程。全社会对德育的重要性认识是有高度的，都明白德育工作是民族兴旺发达的奠基工程，各级政府都颁发了不少相关文件，"立德树人"之类的教育思想被写成大标语，在学校的每个角落张贴，其宣传规模不能说不大，每个学科教学标准中，也都把德育要渗透其中作为主要指标，不能说宣传力度不广，学校与班级的规章制度中，都是清一色的德育为首。应该说，德育意识，

深入人心，但在实际教育工作中，却并没有被社会、学校、家长像重视学科学习那样落到实处。尽管思想品德学科也进行考试，但德育不光要求学生记住生活准则或者道德要求，不光要求学生能够理性分析社会现象，它是社会实践性极强的一门课程，它要求学生把想的、说的、做的高度统一起来，而且始终以国家和社会的道德规范为准则。这就要求班主任在学生德育工作中重视学生的不规范思想和行为，把讲道理与摆事实的方法结合起来，及时发现问题，及时矫正学生的不规范行为。

（二）对学生德育方面出现的问题过于迁就

青少年在成长过程中都会犯这样那样的错误，他们是在不断纠错中成长的，这是一条规律。只是有的学生错误小，有的学生错误大；有的学生错后就会认识到，有的学生一时没有认识到；有的学生会及时改正，有的学生不愿意去纠正。示范高中的学生学业成绩都比较优秀，说明他们天资聪颖，他们对自己的品行是否端正有准确的判断，但有的学生就是明知故犯，其原因是多方面的。比如原生家庭的影响，造成了他们的冷漠、自私、仇恨、暴力等，比如学校教育中出现的不公正现象，造成他们的心理失衡、行为怪癖等，比如社会不良风气给他们的诱导，让他们追逐金钱，向往成为明星，甚至坑蒙拐骗等，班主任对这些现象既看得明白，又想得清楚，就是不愿意撕破脸皮去说穿，原因就是他们的学业成绩还不错，怕指出他们的缺点后，会伤害学生的自尊心，影响学习，影响升学率，因此，一次又一次地迁就，使学生犯错的心态就像滚雪球一样，越滚越大，到一定的严重程度时，老师就不可收拾了。还有一种现象值得高度关注，即有的老师敢于直面现实，勇于指出学生错误，但有的学生生性好强，性格粗鲁，会和老师顶撞，更有甚者会动暴动粗，伤害老师，老师将这种情况反映到学校后，有的学校领导不是积极支持老师行为，而是对这些敢于惩戒的老师批评教育，这样就无形中助长了学生的气焰，致使这类学生的思想行为越来越出格，形成恶性循环。

（三）存在口头说教被动受教等问题

长期以来存在的"重智轻德"教学现象，使得一些教师和学生对德育工作的认识存在严重偏差，从而为班主任的管理工作带来了极大的阻碍，以至于在班级管理中，我们会发现班主任进行德育工作思想的宣传时，学生基本上都是左耳朵进右耳朵出，或者抱无所谓的态度，从而导致一些学生不论是在面对学习还是在生活中其自我约束力、自我规范能力严重困乏，使得一些学生形成了被动地接受教育的习惯，当然，这和班主任德育工作开展得不够好有着极大的关联。这也就要求我们的班主任教师在进行德育教学工作时，要以实效性为基础对学生进行教育，避免口头说教现象，从而引导学生重视德育，让学生在思想上摆正对道德的认识。

（四）对德育工作的重要性认识不足

由于面临高考的压力，一些高中班主任形成了重成绩轻思想教育的一种现象。在德育工作与学习同步进行的情况下，班主任会把过多的精力投入督促学生的文化课学习上，导致学生的德育教育存在严重匮乏，长此以往就会使学生的课堂行为规范、学习、生活等各方面出现道德偏差。因此，班主任在进行德育教学工作时，不仅要为学生创设良好的德育学习环境，还要为学生进行德育思想的渗透，采用多元化的教学手段，如规范考试制度、美化学习环境、榜样树人、活动育人等各种活动，使得学生形成良好的个人品质和道德修养。

（五）德育工作方法较落后

任何工作的有效开展都需要拥有一套先进合理的方法，但目前很多高中班主任采取的德育工作方法比较落后，部分甚至仍旧停留在形式化的口头说教阶段，这不但无法使德育内容引起学生的共鸣、获得学生的认可，反而会导致学生产生逆反心理。高中学生本身就处于将成年未成年的叛逆时期，如果他们对德育感到反感，那么德育工作必将无法正常进行。

德育是一项特殊的教育工作，它不能生硬地强行要求学生做什么、怎样做，而应当通过人性化的引导促使学生自觉形成的正确思想和良好道德。但在现实中，很多高中班主任在开展德育工作时缺乏人性化的教育，不注重关注学生内心真实的想法，更没有帮助学生解决心理问题，缺少和学生的一对一沟通。因此实际工作效率不高。

三、高中班主任提升德育工作效果建议

（一）提高对德育工作的重视

实现中华民族伟大复兴的中国梦，需要我们每一个人付出辛勤劳动和艰苦努力，班主任老师只有脚踏实地地做好自己的事情，才能提高工作效率。高中班主任若想提升德育工作效率，首先应当重视德育工作，充分贯彻学习习近平新时代中国特色社会主义思想。只有明确认识到德育对高中

学生身心成长的重要影响，充分重视德育工作，改变过去对德育工作的轻视观念，才能够真正开展好德育工作。具体来说，高中班主任应当将德育工作与教学管理工作摆在同等重要的地位，并将之纳入日常工作中，在开展任何班级管理活动之时都融入德育相关内容，使德育教育体现在方方面面，而非只做表面工作和空喊口号。

（二）积极改变德育工作方式

高中班主任在对学生进行德育的过程中，不能只采用传统的说教等手段强行给学生灌输自身意志，应当积极改变德育工作方式，开展隐形德育。所谓隐形德育，是指由外部条件逐渐向学生的内部心理产生作用的一个过程。这需要班主任先营造一个良好的德育环境和班级氛围，再在班级内部一点点开展德育工作。具体而言，班主任应当在平日里多与学生进行良好的沟通和交流，随时掌握学生的思想动态、充分了解学生的思想问题，并在沟通交流过程中用自己的言谈举止给学生带来积极正面的影响，从而使学生在潜移默化中逐渐形成正确的思想观念。

（三）大力开展德育实践活动

实践活动是开展德育工作的一个有效途径，所以高中班主任应当大力开展德育实践活动，组织和带领学生在实践过程中亲身体会德育内容，进而深刻认同德育内容，最终自觉形成正确的思想和良好的道德品质。例如，班主任可以在暑假时期组织和带领学生去社区为老年人或儿童献爱心、去抗战博物馆参观、去做城市公益志愿者等，学生在此过程中会感受到自我价值和成就感，也会因为别人的感谢而感到自豪，这样并不需要给他们说教，他们却能够主动明白很多道理。实践活动会让学生们更快更好地了解德育的重要性。源于生活的，才是最真实的，因此学校应当经常组织课外实践活动。

（四）注重家庭教育的重要性

开展德育工作的地方不应局限于学校，家庭同样是对学生进行德育教育的重要阵地。不是只有高中班主任或者教师对学生具有德育教育的责任，家长更具有这方面的责任。但在现实中，有很多家长或由于自身工作繁忙而没时间教育孩子，或由于缺乏对孩子的德育意识而不重视这个问题，或由于认为德育工作是教师的工作而非自己的责任，所以很少对孩子进行德育教育。因此，高中班主任应当加强与家长的沟通交流，告知家长其在德育工作方面的重要责任，并指导家长运用正确的德育方式，引导家长开展好对孩子的德育工作。家长对孩子的影响是重大的，如果家长能够引导孩子树立正确的人生目标或者学习方向，同时给予关怀和鼓励，加上在学校中教师的培育，更有利于学生的身心发展。

第三节　高中班主任德育工作开展创新策略研究

一、高中班主任工作德育实效性创新

在新时代，教育也要与时俱进，全面深化教育改革迫在眉睫。作为主力军的班主任，必须进一步转变教育观念，不忘初心，牢记使命，紧跟新时代中国特色社会主义建设的步伐，坚持育人为本、以德为先，把社会主义核心价值观渗透到德育工作中。

新时代背景下，德育作为高中生教育的关键环节，教师必须求真务实讲效果，针对高中生的德育工作要做好科学规划以及系统设计，充分凸显学生的主体地位，深入结合当前高中生德育教育工作中存在的不足，采取有效的优化实施策略，引导高中生树立正确的人生观、价值观及世界观，进而促进高中生的全面发展和进步。

（一）贯彻全新德育教学观念

明确德育工作是为每一个学生服务，德育工作是教育大方向的理念。充分重视德育在教育过程中的主观能动作用，充分理解德育工作是教育工作的重要一环，充分认识德育工作在学生全方位综合教育中发挥的作用。在此基础上重新设立德育的教学目标，进而提高德育工作的实效性。

明确班主任的工作职责是综合性的，应区别于单纯的管理工作。正确理解班主任的榜样作用，正确认识班主任德育工作的重要性。在明确自身岗位职责的基础上开展教育工作，从生活和学习上切实发挥作用。工作中与学生、学生家庭建立良好的沟通关系，更好地掌握学生的心理动向，结合当前社会切实需求，更有针对性地进行德育教育。

（二）把握现实需求、结合实际情况进行德育工作

高中阶段的德育教育要具有针对性，要适应现实需求，从学生本身和社会需求两个方面出发。每个学生在成长过程中面临的问题都是不同的，班主任应通过多种渠道不断完善对学生个体的了解，对学生存在的共性问

题加以归类，对学生个体的问题加以标记。根据共性和个体问题有针对性地选择德育内容，并结合生活实践，避免单纯的说教教学，充分发挥德育的实效性。在教学过程中，应牢牢把握当下社会对人才的需求方向，以社会需求作为参考项制定德育教学内容和目标，以期学生来进入高等学府深造学习时能很好地适应社会主义核心价值人才培养要求。

（三）创新开拓德育方法

要实现高中班主任德育工作的实效性，就要求班主任能够将德育教育与科学发展理论结合。高中班主任应在充分理解贯彻教育科学发展理念的基础上，在教学过程中结合科学发展，开拓新的教学方法，使德育与当下的教育理念有机结合起来，以便学生更容易理解。高中班主任德育工作还应当结合素质教育进行，在德育教学过程中恰当结合素质教育，可以充分发挥德育的本质特性。另外，可以将德育与生活实践相结合，采用事实说话的教育方法，使学生能够理解道德品质和综合素质在生活中的重要作用，进而使学生重视德育课堂。

二、高中班主任德育工作创新思路

（一）把握德育工作的突破口

如何把握德育工作的突破口？班主任可从以下几个方面努力：

第一，把握学生个体特点。作为班级工作的管理者，班主任首先应当了解每一个学生，建立"学生个人档案"，记录学生的优缺点，做到对每一位学生的特点都心中有数，这样在开展德育工作时，才能根据不同学生的不同性格特点、不同情况开展有针对性的德育教育，切实解决学生的思想问题，增强学生的思想道德意识。为了更好地把握学生个性特点，班主任可深入学生中，与学生促膝长谈，或是开展各类活动，与学生打成一片。如此，学生与班主任消除了距离感，自然能更加主动地对班主任敞开心扉，使班主任更好地了解学生，提高德育工作质量。

第二，把握最佳教育时机。要想有效地开展德育工作，班主任就要把握好德育教育的最佳时机，以获得良好教育效果。例如，学雷锋活动日、植树节、五一劳动节、"九一八"国耻日、国庆节、教师节等特殊日子都是班主任开展德育教育的最佳时机。班主任可在这段时期开展德育教育活动，讲解节日的由来，开展相关主题班会活动，让学生在活动中加强自我德育教育，切实提高教育效果。

第三，把握德育教育过程。德育工作不是一朝一夕即可完成的，需要循序渐进地开展，且需时时开展。高中班主任要把握好每周一次的班会时间，在班会活动中贯穿德育教育，以此对学生进行长期反复的德育教育工作。班主任要把握好德育工作的阶段性特征，当学生在某一方面获得长足进步，有了很大改观后，班主任应制订好下一步的德育工作计划，以使德育工作能全面铺开，全面培养学生的思想道德品质，规范学生言行。

（二）以学生能接受的方式开展德育教育

一些高中生是离开父母，在学校过集体生活，这就要求，班主任不仅要管理好学生的学习，还需充当学生父母的角色，这也为班主任亲近学生提供了机会。为了有效开展德育工作，班主任要讲究工作的方式方法，以使工作能够事半功倍。面对住校生，班主任应多走入学生宿舍，了解并帮助其解决生活中的问题，增强学生对班主任的信任感，以便更易于接受班主任的德育教育。此外，高中学生多有自己的想法，且较为叛逆，常常会遇到各类学习、生活或情感上的烦恼，不知如何解决，却又不愿主动与家长和教师交流，容易处于焦虑情绪之中，不能很好地处理与同学的关系。对此，班主任应结合学生的具体情况，采取合理的方式开导学生、鼓励学生，切不可挖苦讽刺，打击学生自信心，而应耐心教育，与学生建立亦师亦友的关系，以使学生主动与教师沟通交流，有效开展德育教育。

（三）增强责任感，积极做好德育工作

高中生德育工作的高效开展还需要班主任具有一定的责任心，能以高度负责的态度来对待工作，时刻关注德育教育的实施情况，并及时解决德育工作中的问题。具体而言，一方面，高中班主任要动态观察班级德育教育现状，走入班级，走近学生，在学生的每日生活以及每堂课的学习中都要密切留意学生的举动，并对学生中出现的思想道德问题进行详细记录，及时提出教育对策，以在日常班级管理中渗透德育教育。另一方面，班主任应当以身作则，为学生树立榜样，以自己的言行来影响学生，努力提升自身师德素养，严格要求自己，宽容对待学生，使学生在与自己的相处中能够潜移默化地获得良好道德熏陶。只有这样，才能为学生营造平等和谐的德育环境，增强班级凝聚力，引导学生自觉进行自我德育教育，提升教育效果。此外，要想争做合格班主任，班主任还须发挥学校与学生之间的桥梁纽带作用，通过自觉遵守学校各类规章制度，做好各项工作，来影响学生，使学生产生爱班、爱校的情感，自觉维护班级和学校的荣誉，努力做好自己的本职工作。同时，班主任应将学生的需求与建议向学校管理层反映，协同学校切实解决学生生活和学习中的困难，让学生感到被尊重和关怀，从而主动、积极地健康成长。

三、高中班主任德育工作创新目标

（一）转变自身的教育理念，提升学生的主体意识

受应试教育影响，当代许多高中教师都过分注重学生的考试成绩，认为考大学是学生发展的唯一道路，从而会忽视学生德育的培养。此外，为了保证学生的学习进度以及学习质量，在开展教学工作的过程中，一些教师结合"填鸭式"的教学手段开展教学活动，限制学生的思维发展，使得学生失去了主体意识，自然也就无法推进自身德育素养的形成。

因此，在创新工作思维的引导下，班主任应当对这一教学观念进行调整，与其他科任教师进行沟通，转变教师的教学观念，注重学生的主体意识，将德育与学科教育进行结合，推动学生德育意识的形成。例如，在开展语文教学时，教师们可以通过"先天下之忧而忧"培养学生的奉献意识；在开展数学教学时，教师可以通过"统计"培养学生的团结意识，以此推动学生的综合发展。

（二）构建和谐的师生关系，培养学生的德育认知

在传统的教育思维中，一些高中班主任将提升学生的考试成绩视为自己的主要任务，将学生的成绩高低视为衡量学生的关键标准。同时，一些高中班主任存在一种错误的认知，认为成绩好的学生就是好学生，认为成绩差的学生就是坏学生，把学生自动在心中进行归类，并且会结合不同类别的学生展示出不同的态度，使得学生与自己的关系存在较大的隔阂，甚至师生关系紧张。班主任的这种态度，也会使得班级中部分学生形成错误的德育理念，部分成绩不好的学生会对自身产生怀疑，甚至会产生自暴自弃的心理，影响自身德育的发展。因此，在日常教学中，班主任要对这种思维进行创新，结合一视同仁的原则与学生进行沟通交流，拉近师生之间的关系，以此推动德育工作的开展。

如在日常教学中，班主任可以定期组织学生开展以德育为主题的班会活动，引导学生就某一阶段自身出现的问题进行分析，全班师生共同为其提供解决的方式，推动班级的和谐发展，促进学生德育意识的形成。此外，在日常教学中，班主任应该注重引导正确的舆论导向以及班级风气，

尽量与学生形成朋友关系，使得学生愿意主动与班主任进行沟通，及时处理思想观念上的问题，保证学生身心健康发展。

（三）融入学生的实际生活，完善学生的德育结构

总体来说，德育是一项终身性的教学活动，它会对学生的生活以及未来形成直接的影响。因此，在开展德育工作的过程中，班主任应当将其与学生的生活进行适当的联系，以加强学生的理解以及认知，促进学生德育素养的形成。比如，在日常教学中，班主任应当要求学生尊重自己的科任教师，见到教师应主动问好，培养学生的尊重意识；在日常生活中，班主任应当鼓励学生帮助自己的家长干一些家务，站在家长的角度思考问题，加强学生的感恩意识。此外，班主任自身应该注重完善德育意识，在生活工作中保持正确的言行举止，为学生树立正确的榜样。

（四）构建合理的教育制度，锻炼学生的德育素养

俗话说，没有规矩，不成方圆。虽然德育并不是一门学科化的教学内容，但是构建完善的教育制度，也能够有效帮助班主任开展德育工作，推动学生的综合发展。因此，在开展管理工作的过程中，班主任应当注重这一环节的开展。

首先，在制定制度时，班主任应该尊重学生的意见，不要单靠自己的想法来制定，以免引起学生的抵触以及不满；其次，在制定制度时，班主任应该参考学生的实际情况，有针对性地制定制度条例，保证制度与学生之间的贴合性；最后，在制定制度时，班主任应当明确奖惩条例，并严格按照其实施，保证制度的权威性，推动学生德育素养的稳定形成。

第六章　高中班主任心理健康教育工作创新研究

第一节　高中班主任心理健康教育工作开展的重要性

一、高中班主任开展心理健康教育工作的优势

（一）班主任了解学生，熟悉学生

根据心理健康教育工作的要求，辅导者对被辅导者要了解、熟悉，不但要了解其外在的行为，还要了解其心理需要或心理发展趋向。班主任与学生朝夕相处，对学生了解全面，从学习情况到个性心理，从现在的状况到以前的表现，有心的班主任都会做详尽的了解，因而辅导更有针对性。

（二）班主任与家长有着密切的联系

在心理辅导中，如果能取得家长的配合，效果会更好。班主任对学生的家庭环境和家长都比较了解，通过电话、家长会、家访等途径与家长保持联系的习惯也由来已久，一般的家长都对孩子的班主任比较熟悉，更便于沟通。

（三）班主任容易与各课任教师协调

了解学生在其他学习、生活上的情况，有利于发现问题、分析问题及矫正问题。班主任在学期的每个阶段都会向科任老师了解情况，介绍班级的总体情况，提出一定的要求；科任老师发现班级中存在什么问题也会向班主任及时反馈，这样班主任就能够更全面地了解情况，找到问题的根本原因，还可团结各科任老师齐心协力解决某些突发事件，省时省力，且更有效果。

（四）班主任更能视良好的班级心理环境

班级是学生生活的重要场所，它对学生的认知、情感、意志和行为会产生广泛深刻的影响。良好的班集体具有独特的心理效应，有经验的班主任都很重视班级的凝聚力，懂得利用群体约束力，这是班级群体健康成长的共同心理环境。心理学研究证明，心境对青年学生的学习和成才都是有很大影响的，良好的心境能促进认知的积极性、创造性的发挥，提高学习和工作效率。不良的心境则会降低人的工作和学习效率，阻碍人才的成长，一个班级有良好的心理环境，班主任的工作会更加得心应手。

班主任是学校开展心理健康教育的主力军，是学生思想的示范者、指导者。一个优秀的班集体不仅要有好的成绩、好的纪律、好的卫生，更要有一个好的学习氛围、好的精神面貌。这一切都使班主任的心理健康教育工作显得尤为重要。班主任的心理健康教育，应使学生产生积极的、健康的情感，进而在情感的推动下，让学生全身心地积极参与学习实践活动，学会合作，磨炼意志，敞开心扉，学会创新，感受成功。

二、高中班主任心理健康教育工作开展的重要意义

"中学生的身体和心理能否健康发展，关系着国民素质的提高和国家、民族的前途。保护和教育中学生是全社会共同的责任，教育系统更是责无旁贷。"随着教育事业的发展和学校设施的逐步完善，当前，规模较大的学校已经有"心理辅导教师"，但数量太少，且老师精力有限，不可能顾全每位学生的心理。因此，能对学生进行多方面、有针对性且持久的心理辅导教师还是班主任。班主任在心理健康教育中应该融入社会主义核心价值观，并以其为指导，形成全方位、多角度的立体教育模式，努力使高中生形成正确而稳定的价值观念，从而塑造优良的心理品质。

班主任的基本任务中规定，班主任工作的指导思想是通过教育培养、促进学生德智体全面发展，班主任工作的基本内容是全面关心教育和管理学生。"全面关心"自然包括学生心理健康方面的关心，班主任应承担起心理健康教育的职责，这是新时期班主任工作职责的新要求。

（一）心理健康教育是社会发展的客观要求

1. 适应未来社会对人才素质的要求

全面提高人的心理素质是社会发展的需要，是21世纪对人才素质的

要求。

在 21 世纪，人类面临的将是一个既互相竞争又越来越相互依赖的复杂多变的世界。适应未来世界的建设者必须具有坚韧不拔的意志，艰苦奋斗的精神，积极乐观、奋发进取良好的心理品质。

有专家预言，21 世纪的心理健康问题将是人类面临的一个大问题。这不无道理。就目前而言，知识经济初露端倪，各种信息瞬息万变，令人目不暇接，高新科技的不断涌现，工业化的不断发展给人们感官上以强烈的刺激，给人们的心理上带来了沉重的压力，产生了许多心理问题、心理障碍。

在我国，随着现代社会发展进程的加快，经济改革大潮不断荡涤着人们头脑中传统的、固有的观念，市场经济的发展和完善也不断地改变着人们的行为和习惯。人们的生活节奏不断加快，人们之间的交往日益频繁，新旧事物的此长彼消，社会信息量的激增，一方面反映了我国社会主义文化建设的飞速发展，另一方面也带来了诸如城市交通堵塞、住房的拥挤、离婚率增加，考试、升学、就业的烦恼，聘任制的推行，下岗人员的再就业等新的社会问题。这些都在不同程度上从不同角度刺激着人们的神经，加剧着人们心理的紧张程度。据有关资料介绍，目前我国正常人群的心理障碍发病率为 20％左右，也就是说我国大约 2 亿多人有心理疾患。有的专家断言，这是现代生活的特征与必然。

我们正在建设一个现代化的国家，我们正在为实现中华民族伟大复兴的中国梦而努力，中华民族的文化科学水平和心理素质能否与飞速发展的时代相适应，将直接影响现代化建设的进程，一个充满生机与活力的社会主义商品经济的新体制要求未来的建设者必须具有良好的心理品质。

我们必须开展心理健康教育活动，使新时期的青少年一代能够适应那个更加复杂多变的世界。

2. 满足人们对健康的要求

随着人类社会的发展，社会物质文明和精神文明水平不断提高，人们对民族素质的认识不断深化，对提高民族素质的希望不断强烈，人们普遍关心自己的健康，希望自己有一个健康的体魄。

现在人们对人类健康的认识也趋向全面，关于健康的概念已远不止没有疾病或衰弱现象，健康的定义在不断发生变化。联合国世界卫生组织近年来对健康的定义是，具备躯体健康、心理健康、社会适应良好和道德健康等四个方面，这就是我们所说的健康的体魄。

人是身心统一体，一个人既是一个生理学意义上的人，又是一个心理学意义上的人。青少年学生在德、智、体、美等方面的全面发展与心理健康是密不可分的。心理健康是青少年走向现代化、走向世界、走向未来建功立业的重要条件。具有健康的体魄，成为全面发展的四有新人也是青少年自身的要求。

由于心理健康教育可以起到防治心理疾病的作用，保持和增进学生的心理健康，因而开展心理健康教育可以满足学生对健康教育的需求，心理健康教育也成为学校教育中不可或缺的组成部分。

3. 迎接时代对教育的挑战

长期以来，传统的教育观念反映在教育上，就是企图按统一的模子把学生铸成标准件。这种对教育的理解的片面性，使教育现状和教育效益不尽如人意。

人的发展是人的自然属性和社会属性的协调发展。这里所说的社会属性是人的社会化，所说的自然属性是人的个性的发展。教育不仅应该强调人的社会属性的锻炼和培养，而且应当重视人的自然属性的发展。因此，我们的教育应当允许每个人的发展速度有快慢之分，发展方向各有不同，质量水平有高不低，时间有先有后，潜能有大有小等差别。甚至我们应当允许学生在遵守社会准则，融于社会的同时，在遵守的范围和方式上有所差异，以使人的个性得到充分的发展。

心理健康教育是以教育学、社会学、生理学、心理学、行为科学和精神医学等学科理论的综合为依据的当代新兴的教育方法。它以对学生了解为基础，通过调查测试、开展心理辅导活动、心理咨询活动、积累资料等途径协助学生了解自己，了解环境，从而取得在家庭、学校和社会中的良好适应。

有人称，心理健康教育作为一种心灵感化教育，它显著的特点是教育者调动情感的力量，尊重和理解学生，满怀热情地与学生进行情感交流，帮助学生形成稳定而健康的情感、坚定的意志、健全的个性，使学生走上成功之路。心理健康教育体现了以人为本的现代民主教育思想与观念，反映了当代的进步潮流。

时代对教育提出了挑战，开展现代化教育需要更新教育观念，重视心理健康教育，通过充满情感的教育方式培养学生良好的心理素质，启发学生自我认识、自我调适、自我激励、自我教育、自我实现；充分调动学生的积极性，挖掘学生的潜能资源，发挥学生在教育中主体地位的作用。

开展心理健康教育体现了教育的本质，能促进学生的全面发展，满足未来社会对人才素质的要求。

（二）开展心理健康教育是素质教育的需要

1. 素质教育的重要组成部分

学生素质发展有多方面的内容，心理素质不仅是其中的重要内容之一，而且对其他素质的发展有着很大的制约作用。学生的德智体美等全面发展离不开良好的心理品质，心理健康教育既是素质教育的出发点，又是全面素质教育的归宿。中华民族有许多必须继承和发扬的心理品质，但也存在一些与现代社会不相适应的心理倾向，如比较因循守旧，过于求稳而怕冒险，易受暗示，人际关系敏感等。这些特点影响着人们的创造精神、创造力的激发和运用。学校开展心理健康教育，克服这些不良的心理影响，有利于逐步提高中华民族的素质。

2. 心理健康在德育中的作用

《中学德育大纲》对德育的内涵做了如下界定："德育即对学生进行政治、思想、道德和心理品质教育。"同时，《中学德育大纲》在德育目标、德育内容和实施途径等方面对心理教育做了相应的规定。

由此可见，心理健康教育在学校德育中的地位和作用是十分重要的。人的品德素质结构包括四个方面，即政治素质、思想素质、道德品质和心理素质。在以往较长的一段时间里，我国教育结构主要由政治、思想、道德三个方面构成，基本上没有考虑学生心理素质的培养。由于心理科学普及不够，甚至曾被冠以唯心主义伪科学的罪名而被批判，因而更谈不上应用。一些教师在工作中常常会出现模糊的，甚至是错误的观念和行为，把许多学生的心理问题作为学生的思想道德问题加以处理，混淆了思想、道德和心理问题的界限，伤害了学生的自尊心、自信心，影响了学生身心健康发展。例如：把学生的孤独心理和行为说成是脱离集体，不关心集体，不爱参加集体活动；把性格内向的学生说成是不爱暴露思想；把学生的焦虑情绪看作患得患失；把心理缺陷或心理疾病引起的不稳定情绪和行为看成故意破坏纪律；把因学习困难而无可奈何的现象当作学习态度不端正、不刻苦学习；等等。这种把学生的心理问题一概当成是思想道德问题来看待，采取思想政治教育的方法来解决的做法显然是不正确的，是不能有效解决问题的。

《中心德育大纲》明确地提出了心理素质教育在德育中的重要地位和作用，使学校德育更完整、更科学。在学生素质培养中，政治教育所起的是方向性的作用，思想教育所起的是动力性作用，道德教育所起的是规范性作用，而心理教育所起的是连接与支持上述素质培养的中介作用。心理健康教育是政治、思想、道德教育的基础，离开了心理素质的提高，其他素质将失去重要的基础和中介，政治、思想、道德教育就难以顺利进行。我们在班主任工作实践中常会遇到这种状况，一个有逆反心理或其他心理障碍的学生，是不可能很好地接受政治、思想、道德教育的。我们常听到一些教师叹息，现在的学生难教育，"老办法不灵、新办法不行"，不知如何是好。德育工作实效不高的原因之一就是我们不够重视心理素质的培养。因此，我们要开展心理健康教育，给学生以心理的指导和帮助，提高学生的思想品德素质，增强德育的实效性。

3. 培养学生的健全人格

心理健康教育能使学校教育工作，特别是班主任工作更加完善。如在学生观上，心理健康教育强调了对个体人格的尊重与完善。对于学生个体，班主任首先要尊重他，对其进行教育时要充分允许他表达自己的思想。我们只有在充分了解学生所思所想之后，才能最终判断他的行为动机，才能正确施教。

人格是一个人品德的心理基础，从人格的外显行为可以看出其品德素质的高低。因此，要实现德育目标——培养品德高尚的一代新人，就必须从塑造健全人格的心理健康教育入手，充分考虑学生的个性差异，使素质教育工作能更好地面向每个学生，使每个学生都能主动地、力所能及地发展自己，提高自己。

目前，一些学生随着年龄的增长，在强烈的社会化欲望驱使下出现人格偏差行为和人格失范问题屡见不鲜。如学生中相继出现的衣着上"追求名牌"，盲目"崇拜网红、影星、球星"以及学生中"烟民"激增等问题就是其中的一些方面。这些问题单靠思想政治工作和校规校纪很难杜绝，有些班主任通过生动活泼的心理健康教育活动，从培养健全人格入手，纠正了这些人格偏差行为。由此可见，心理健康教育在塑造完善的人格，培养学生发展成为完整的人方面有独特的功能。

在心理健康教育工作中，如果学校心理健康教育能够与思想品德教育相结合，将有助于筑牢心理健康教育的科学根基，使学校的心理健康教育跃上一个新的层面。

4. 学校完成教学任务的需要

教学工作是学校实施素质教育的主渠道，需要学生有稳定的学习心理。学生全面发展中的一个重要任务是学习，如果不重视学生学习心理的调节与把握，学生学习就会遇到障碍，从而妨碍他们的智力发展。心理健康教育可以帮助学生认识学习规律，掌握学习方法，提高学习效率，调动学生积极性。在心理咨询个案记录的统计中，有关学习的心理问题占有很大的比例。有的学生说："学习没意思，怎么办？还得上一年学才能毕业，可又没有能毕业的把握。"有的说："我学习很努力，但成绩总是太差，家长埋怨我，老师对我很失望，我苦恼极了，我怎么才能提高学习成绩？我一点信心都没有。""我一考试就懵，紧张得出汗。""一考试我就睡不着觉。""复习时老走神，总怕考试成绩不理想。"还有许多学生请教学习方法、学习窍门，如"怎样学习物理""怎样记住单词"等。许多学生存在着学习焦虑、考试紧张的心理症状，他们情绪低落、精神忧郁，有些已出现神经衰弱症状。这种郁闷的情绪会降低人的心理认知水平，导致注意力、记忆力、思维能力的下降，严重的会形成学习心理功能性障碍。许多老师为了提高学生的考试分数，给学生很大的压力，却不考虑学生的学习心理状况，这是很不可取的，会造成学生更重的心理负担，形成学习心理问题，不利于学生的智力发展。

实践证明，培养学生良好的心理素质，可提高学生的学习成绩，从而提高学生的文化科学素质。通过对学生进行心理测试发现，学生的学业成绩与智力有一定的关系，与心理健康中人际敏感、焦虑因素程度相关显著；学生成绩与性格特征中的独立性、自制力、坚持性、果断性、思维水平、求知欲、灵活性、权衡性相关联，这些特征突出，学业成绩就好。要想取得学业成功，热情、责任感、自信、毅力不可缺少，而这些品质可借助心理素质教育形成和发展。

三、心理健康教育途径

(一) 建立通道，加强教育

班主任可在班级一角建立"知心信箱"，学生书面提出的各种心理健康问题，均可投入信箱，然后由班主任做出解释或个别辅导，帮助学生提高心理健康水平。此类活动可能大量涉及学生的"隐私"，因此班主任特别要注意坚持为学生保密。同时可允许学生以书面、不署名的形式提出心理健康问题，以便于保护他们的自尊心。作为班主任，应对学生进行心理健康教育，个别辅导可以"烦恼回收站"为名，鼓励学生倾诉烦恼，发现问题，提供帮助，共同商量解决。

（二）通过活动进行自育

班主任可以在平时利用班会活动课对学生进行心理健康教育的集体辅导。在活动中，主要由学生自己来主持，班主任只提供一定的指导性建议，也可适时运用各种激励手段，使学生畅所欲言、互相帮助，解决心理问题。

此外，班主任还可根据不同的心理辅导内容和学生的年龄特征设计不同的活动形式，如游戏、猜谜、讲故事、文体活动等，使学生在班队活动中充分锻炼意志品质，培养克服困难、团结协作等精神，从中有所领悟，受到启发。当然，要注意的是，心理活动的开展应尽量与其他活动结合起来，不要使活动成为一种新的课业负担。

（三）创设氛围进行宣传

班主任可利用黑板报、知识竞赛等形式，介绍心理健康教育的内容和方法，解答同学们提出的各种心理问题。由于这些形式具有方便、快捷和普及性强的特点，因此最适宜各班级运用，它不失为一种简单实用和富有成效的好办法。

（四）家校联系加强沟通

利用家庭进行心理健康教育是一条有益的补充途径。一般来说，家庭是学生心理最容易暴露的场所。父母对子女的关爱是心理健康教育的良好条件。但不少父母缺乏对子女进行心理健康教育的观念，或观念不明确，也缺乏必要的教育艺术。因此，班主任应与家长经常沟通，并给家长提供一定的帮助。

第二节 高中班主任心理健康教育工作中存在的问题及原因

一、高中班主任心理健康教育工作中的问题

（一）缺少对高中生心理健康教育的充分重视

通过对当前高中班主任心理健康教育的现实情况分析可知，虽然当前

很多高中都开设了心理健康教育课程，但是这些课程往往趋于形式化。很多学校虽然在教育部门的要求下开设了心理健康课程，但是由于缺少正确的教育教学观念以及充分的监督，心理健康课程经常被占用，最终心理健康教育课程也演变成了备用教学时间。除此之外，作为与学生接触最多的人，班主任理应承担起学生心理健康教育的重担，但是由于缺少充分的重视，一些班主任尽可能地将心理健康教育时间作为课堂教学来强化学生对知识点的记忆与理解，这样虽然看似是为了学生好，实际上却严重影响了学生的健康成长。再加上巨大的升学压力，高中学生极易出现心理问题。班主任是班级的管理者、学生心理的辅导者，还是知识的传播者。班主任集三种身份于一身，很可能产生角色的冲突。这三种角色，在方法上、目的上都有着本质的差异，尤其是年轻的班主任，常常会对此感到困惑。例如，心理教师将心理测量的结果反馈给班主任，使班主任也成为心理辅导中的重要一员，这样做有助于专职心理教师了解学生的情况，班主任在平时开展心理教育工作时也可以留意学生的动态。然而在向班主任了解学生情况时，班主任却细数了一系列学生品德上的问题，并将此误以为是心理问题，这很明显是没有将心理和德育区分开来，也是班主任角色混淆的体现。

（二）专业知识不足

心理健康教育是一门专业性很强的教学活动，它不仅是简单的教学活动，还是渗透在教育、教学及生活方方面面的教学活动。现实工作中，班主任的心理健康教育更多存在于班会课中，往往是根据学校下发的任务进行，更多的是一些说教性的讲授，如男女生不要来往过密等禁止性的言语和条例的宣读。然而，学习过心理学的人都知道，强制性灌输得到的效果并不如意。真正的心理健康教育是根据学生发育的特点，或是通过活动让学生慢慢体会，或是从生活的细节、对待人生的态度中学会品味人生，追求自我的超越。这是一门让学生认识自己、学会做人、学会交往、学会调节自我的学问。

（三）班主任的心理素质有待加强

在一些新闻报道中，我们会看到教师因为学生不听话体罚学生，甚至虐待学生的消息，这些做法无疑会使学生对教师产生不满，从而形成恶性循环。相关研究表明，中学教师存在明显的职业倦怠问题，甚至部分教师有或多或少的心理问题，这都不利于学校心理教育工作的顺利开展。学校的教育，归根到底是人的教育，是人影响人的活动。所以班主任是否拥有良好的心理素质就显得尤为重要。只有心理健康教育工作者自身的心理是健康的，心理教育活动的效果才能更好、更持久。

（四）班主任将心理健康教育与德育教育混为一谈

通过对当前教学实践的了解，很多高中学校以及班主任在开展心理健康教育时会将其直接归属到学生的德育教育领域，这样虽然既符合教育部门对心理健康教育的教学要求，又满足了新课程改革标准为高中学生德育教育所制定的教学需求，但实际上，这一观念是片面的、错误的。光从教育目标来看，高中学生的心理健康教育与德育教育之间就是南辕北辙的：高中学生心理健康教育强调的是学生的心理世界，要求学生除了要具备健全的人格，还要具有较高的心理素质；德育教育则更加强调学生世界观、人生观、价值观的有效形成，因此将二者混为一谈将会对学生综合素质的培养产生阻碍作用。

二、高中生心理健康常见问题及成因分析

（一）学业困惑

因学习成绩不理想，产生厌学情绪。这类同学一般是在初中阶段学习成绩非常突出，集万千宠爱于一身。到了高中，尤其是重点高中，优秀学生云集一起，自己成了成绩平平的一般同学，不再是同学老师关注的焦点。有些学生由此感到心理落差大，失落感骤升，逐渐由自信变为破罐子破摔，对学习产生了厌倦心理甚至处于抑郁状态。

因对高中学业特点不适应，产生焦虑情绪。高中知识无论从深度还是广度上与初中相比都上了一个很大的台阶，信息量大，知识点多，综合性也非常强，导致有的学生不能及时掌握所学内容，学习成绩下滑，从而产生焦躁情绪或逃避的行为。

因学习目的不明确，产生自卑情绪。高中三年的每个阶段教学目的都非常明确，对于为什么上高中、高中毕业去向不明确的同学来说，学习不仅是一种盲从更是一种煎熬，因为他们从学习当中找不到兴趣和存在感，逐渐与同龄人差距越拉越大，陷入自卑的境地。

（二）环境压力

社会环境影响。高中阶段正值学生人生观、价值观和世界观等相关心

理品质形成的关键时期，一旦社会上的负面信息占据主流位置，极易造成学生心理畸形发展，自私逆反心态，滋生物质享乐主义，消极面对压力挫折，积极逃避社会责任。

学校环境影响。片面追求考上大学、考上知名度比较高的大学成了人们考量学校办学质量和衡量老师教学水平的攀比指标，这不仅无益于减轻学生的学习压力，反而会阻碍学生的心理健康发展，甚至导致各种心理障碍的产生。

家庭环境影响。不合理的家长期望水平往往成为中学生产生心理问题的重要来源。大部分家长"望子成龙""望女成凤"心切，有时教育方式方法不得当，一旦事与愿违，便拳脚相加、恶语相向，很容易造成高中生产生心理逆反甚至心理崩溃的恶果。

（三）认知缺失

人际关系紧张。这类同学一般具有闭锁性心理障碍，以自我为中心的意识较强，一旦受到刺激，便不再轻易向别人吐露心扉，因此常感到不易被人理解，并由此产生不同程度的孤独感，容易出现人际关系敏感症状。

抗挫折能力低。有些学生不能正确、客观地面对现实，再加上受自卑或自负、独立与依赖等多种矛盾心理的叠加影响，很容易造成理想与现实的脱节、主客观的不协调。一旦承受不住挫折，往往会否定自我乃至自我封闭。

青春期性困惑。在高中时期很容易产生一个比较突出的矛盾，即成熟的性发育与幼稚的性心理之矛盾。很容易在生理发育、两性关系、恋爱等方面陷入认知误区，导致有的同学因暗恋某人而单相思进而压抑自己，有的同学因过于专注懵懂的爱情而荒废学业。

三、高中班主任心理健康教育工作问题的原因

（一）对高中生心理素质的重要性认识不够，忽略个体的心灵成长

高中知识已经渗透了各个学科专业化与理论化的基础知识与研究方法。在认识论上，相对于小学与初中的知识倾向于主观感受，高中学段的学习要求学生在掌握各学科的基础理论后，运用这些系统的工具分析与解决相应领域稍具抽象性的问题。高中生综合素质内容分为思想品德、学业水平、身心健康、艺术素养、社会实践五个方面，其中心理素质是综合素

质的基础。但是在高中阶段的培养过程中，很长一段时间存在着过于强调科学文化素质、思想政治素质、身体素质的现象，而对"心理素质"这一个综合素质中的核心素质一直不够重视，没有认识到个体的思维、情绪、意志、行为等心理因素会影响到个体的政治信念与道德规范的形成以及学习认知能力和身体生理变化。良好的心理素质使人的注意力集中，记忆效率高，思维清晰，理智感强，学习有效率，表达力强，有信心和责任感；反之，若个体常常处于消极的心理状态下，判断力和沟通能力将变差，自信心将降低，容易情绪化，学习质量也会下降，甚至会阻碍其他素质作用的发挥。在教育实践中我们总能发现，有的高中学生虽然智商较高、能力也很强，但是由于心理素质欠佳，对自己、对社会的认知有偏差、情绪调节能力差、意志薄弱，遇到困难和挫折就心灰意冷，自暴自弃，甚至放弃生命，最终断送自己的大好前程。这些问题都足以说明，心理素质对高中生成长成才具有重要的影响。另外，还有一个对心理健康教育重视不够的重要原因是长期以来人们倾向于将心理问题等同于思想问题，将心理健康教育等同于思想政治教育。虽然思想政治教育强调的人生观、价值观、世界观也属于心理学范畴，但两者既有联系又有区别。由于缺乏认识，人们长期以来将心理健康教育归于德育教育，导致在认识个体心理、解决心理问题时容易从德育的视角采取方法。

（二）对当代高中生的心理特征、成长规律认识不足

中学生的心理发展的速度相对缓慢，心理水平尚处于从幼稚向成熟发展的过渡时期。身心处在一种非平衡状态，呈现半成熟、半幼稚性，往往会引起种种心理发展上的矛盾。

一方面，反抗性与依赖性产生的心理矛盾主要表现为逆反心理，中学生有了强烈的成人感，进而会产生强烈的独立意识，对父母往往采取一种对抗的态度，盲目反对。另一方面，中学生的内心中并没有完全摆脱对父母的依赖，在面对困难，遇到挫折时，又很容易退缩到家庭里。

闭锁性与开放性并存。进入青春期的中学生，心理生活丰富，但表露于外的东西却少了，加之一些学生对外界的不信任和不满意，增加了这种闭锁性的程度。

勇敢和怯懦性并存。在某些情况下，中学生们似乎能表现出很强的勇敢精神，但这时的勇敢带有莽撞和冒失的成分，具有"初生牛犊不怕虎"的特点，主要表现形式为争强好胜，在学校会有暴力行为。但在另外一些情况下，中学生也常常表现得比较怯懦。

高傲和自卑并存。由于中学生尚不能确切地评价和认识自己的智力潜能和性格特征，很难对自己做出一个全面而恰当的估价，而是凭借一时的感觉对自己轻下结论，这样就导致他们对自己的自信程度把握不当，表现为盲目的沾沾自喜和极度自卑。

否定童年又眷恋童年。进入青春期后，随着身体的发育成熟，中学生的成人意识越发明显。认为自己的一切行为都应该与幼小儿童的表现区分开来，力图从各个方面对自己的童年加以否定。但在否定童年的同时，在中学生的内心又留有几分对自己童年的眷恋。

一些班主任认为高中生在面对挫折和困扰时，应该自行解决，没有必要去向他人寻求帮助，否则会显得很幼稚，也没有必要主动去关心帮助他人，因为那是别人的隐私。

(三) 对心理问题存在认识偏差

长期以来，我国民众倾向于对心理问题和心理疾病持负面认识，如说某人有"心理问题"就是等于"心理有病"，就是"神经病"，因而表现出"讳疾忌医"的行为，有了心理问题自己不能解决还会回避寻求专业心理帮助，认为"去寻求心理咨询就是有病"。课题组调查发现，学生因为顾及"脸面""隐私"，"害怕他人知道议论自己"是妨碍潜在的当事人寻求专业心理帮助的重要原因。

许多高中学校的教育者由于受上述观念影响，对心理咨询的科学性与规律性认识不足，往往忽视对高中生的心理健康教育。许多高中班主任在一定程度上仍在充当"消防队员"的角色，即重视个体发生严重心理障碍时的处理，而忽视对群体的心理保健预防；忽视心理健康教育对高中生的学业发展、事业成功、潜能开发等方面的积极影响。

(四) 对心理咨询认同度不够

心理咨询强调求助者自愿寻求帮助，并基于对咨询师的信任，敢于敞开心扉，阐述自己的心理问题，接受咨询师的帮助的助人自助的行为。但是，由于受中国传统文化的影响，人们对心理咨询的认识还存在偏差，对心理咨询的接受、认同程度不够。如中国传统文化强调慎独、自省，这固然造就了中国人的坚韧性格，但也使许多人养成了仅仅依靠自身的力量来化解个人内心矛盾的习惯，从而阻碍着人们科学地认识心理咨询以及以更加积极的和多样的方式去促进个体内心的和谐。尽管自省有时候可以通过改变认知而达到内心的平衡，使得问题化解。但是，它的作用和效果往往与问题的性质、个体的性格特点、文化修养有重要的关系。

第三节　高中班主任心理健康教育工作创新策略研究

一、高中班主任心理健康教育工作创新有效途径

高中班主任要充分了解每个学生的心理状态，为学生身心健康着想，唯有以学生发展为根本，遵循学生身心发展规律，遵循心理健康教育规律，掌握解决高中生心理健康问题的方法和技巧，方可促进其身心全面和谐发展。

促进人的全面发展和社会全面进步对心理健康教育工作者提出了新的更高要求。国家已就社会心理服务和促进青少年健康发展提出了一系列新理念、新思想和新举措，很多积极有为的心理健康教育研究者、实践者、管理者和推动者开展了卓有成效的探索工作。

（一）学业规划指导与学生身心创新发展有机结合

高中学生正处于青春期，是一个人生理和心理发生重大变化极不稳定的时期，又承受着学业任务重、升学压力大等各种挑战，亟须把好"三关"教育：

把好"入学关"教育。通过新生军训等系列入学教育活动，增强学生对高中学习生活的直观认识与初中的比较理解，引导学生学会学习，学会思考，掌握科学的学习方法，以积极的心态适应环境，不断提高学习适应能力和心理承受能力，顺利完成从初中到高中的过渡。

把好"考试关"教育。要教育引导学生把功夫用在平时，正确对待每一次考试成绩，不唯分取人，不以一次考试定乾坤。学会从每次考试中汲取营养，对自我进行客观评价，分析原因，找准差距，弥补不足，克服焦虑，树立自信，激发成长的动力。

把好"升学关"教育。随着高考制度的不断改革与完善，几乎每个高中生毕业后都能升入适合自己的高校。高考的普惠为学生发挥自己的兴趣、特长与爱好提供了更为广阔的舞台。高中班主任要激发每位同学"是金子总会发光的"的成才意识，督促他们在高中阶段砥砺品质，磨炼意志，为步入高等学府或走上社会奠定坚实基础。

（二）日常行为管理与心理健康教育创新发展

高中阶段的日常行为管理与心理健康教育密不可分，相辅相成，应切实发挥好学校、家庭、社会的教育合力。发挥好学校教育主阵地作用。应将心理健康教育始终贯穿于教育教学全过程，充分调动教师的主导性和课堂育人积极性，建立民主、平等、相互尊重的师生关系，切实提升班主任工作艺术，充分发挥班级活动、校园文化、网络社区等的育人作用，加强心理健康教育师资队伍建设，通过建立心理辅导室、开展心理健康专题教育，多举措多途径引导学生心理、人格积极健康发展。发挥好家庭教育辅助性功能。在孩子的成长过程中，家长发挥着无可替代的教育功能。很多有心理健康问题的学生都能从家长那里找到根源。因此，作为家长，要树立正确的教育观念，加强亲子沟通，及时了解和掌握孩子成长的特点、规律以及心理健康教育的方法，以积极健康和谐的家庭环境影响孩子。发挥好社会协同育人作用。对于学生的心理问题的矫正和引导，社会大环境的影响也尤为重要。特别是伴随着信息网络媒介的迅速传播，政府应当加强对网络游戏适龄人员和网上不良信息发布的管控，教育引导青少年杜绝沉迷于网游，营造绿色、健康的网络环境。同时，让学生在假期中通过参加社会公益活动或社会实践活动，愉悦身心，陶冶情操。

（三）做好学生心理需求与关注个别差异的有机结合

高中学生在人格发展、容颜特点和学习成绩上都表现为较强的关注，也更重视自己在同性、同龄或同辈里的身份。有的同学在这种心理需求得不到满足时，就极易产生前面讲述的各类心理健康问题，需要特别注意。高中班主任要发挥学生的主体作用。引导学生逐步确立正确的自我意识，树立积极的人生理想和信念，形成正确的世界观、人生观和价值观；引导学生积极主动关注自身心理健康，树立心理健康意识，了解心理调节方法，认识心理异常现象，掌握心理保健常识和技能，增强调控情绪、承受挫折、适应环境的能力。以"适应"为支点，完成从初中到高中的"转弯"和"爬坡"；以"人格"为支点，逐步建立健全的人格，形成较强的自我控制力；以"成年"为支点，加强对人生课题、追求理想、积极向上、奉献社会、回报社会的理解教育，逐渐确立自己的生活目标。高中班主任还应积极开展个性化心理辅导。心理辅导是一项科学性、专业性很强的工作，开展心理辅导必须遵守职业伦理规范，在学生知情自愿的基础上进行，严格遵循保密原则，保护学生隐私，谨慎使用心理测试量表或其他测试手段，不能强迫学生接受心理测试，禁止使用可能损害学生心理健康的仪器，要防止心理健康教育医学化的倾向。

（四）为学生创造良好的教学氛围

在传统的知识教学中，部分班主任没有注意到学生的实际感受和想法，只是将知识内容进行了简单的讲解，所以学生在进行知识的学习时就很容易感觉到压抑和被动，无法积极主动地进行知识的学习，且很容易对班主任产生排斥、厌恶的想法。压抑的教学环境对学生的心理健康无法投入更多的有效帮助，班主任就应该注意营造和谐的教学环境来开展知识的教学。

班主任应该以更加和蔼可亲的态度来进行知识的教学，要让学生感觉到"如沐春风"，尽量放缓自己的语速、语调，对学生投以友善的微笑、耐心的解答等，让学生自身能够获得班主任的关爱，逐渐养成良好的学习习惯，自身的心理也能够得到关注。因此，在进行中学生心理健康教育工作时，班主任教师应该对自身所使用的教学方法进行整改，营造和谐、融洽的课堂环境，让学生能够在这样的环境下放松身心，获得良好的心理健康教育，在今后的发展和学习中都能够提供有效的帮助。

班主任应该给予学生更多的鼓励和耐心，令学生在学习的时候变得充满信心，更加积极、主动地进行知识的学习。在传统的知识教学中，部分班主任对学生没有多少耐心，在管理班级时没有投入更多的精力和耐心，很容易发火，这对心理脆弱的学生而言就很容易造成伤害。对此，班主任应该注意改进自身所使用的教学方法和教育理念，对学生给予更多的鼓励和关爱，呵护学生的心灵。

例如，大部分班主任兼任学科教学工作，在进行知识教学时，应该对学生给予更多的鼓励和表扬，让学生能够在愉悦的环境下培养自信心。"你很棒啊！""加油，你是最棒的！""我们一起来探讨吧！"等充满真情的话语能够减弱学生对教师的"警惕"心理，从而让学生和班主任"做朋友"，使学生能够在班主任的关爱下茁壮成长。在学科知识的教学中加入心理教育，使学生能够在集体生活中提高自身的心理素养。对学生提出的各种问题给予回复和解答，适当地给予一些肯定和鼓励，使学生能够在这样的环境下获得良好的心理健康教育，更自信地面对生活、学习中的困难，这就能够实现有效的心理健康教育工作。

（五）提高班主任自身的素质

班主任除了在进行知识的教学时对学生投入更多的心理教育，还应该提高自身的素质。因为班主任自身的素养与教育能力存在直接的联系，班主任能否对学生开展有效的心理健康教育工作，与班主任自身的素养有密切的联系。所以，班主任应该提高自身的素质，认真客观地观察学生的心理动态，选择适合的方式引导学生，对学生不健康的心理进行疏导，为学生今后的生活和学习提供更多的有效帮助。班主任应该多参加一些社会上的相关培训，在培训中学习更多的先进知识和教育理念，掌握更多关于中学生心理教育的科学知识，根据所学的科学方法进行知识的教学，让学生在今后的学习和发展中获得更多的有效帮助，促进学生的心理健康发展，将心理健康教育工作落实到位。在很多时候，教师自身的人格力量能够对学生的品格和心理素质等内容产生巨大的影响。提高班主任自身的素质，不仅能够对学生进行良好的知识教学，还能够让班主任自身的综合素质得到有效提高。

二、创新符合学生心理健康教育方式

深化教育改革，办人民满意的教育，是新时代的呼声，也是发展的需要。高中生承载着建设祖国未来的责任，要面对当前激烈的竞争，要掌握丰富的知识，更要具备健康良好的心理素质。

（一）班主任工作的创新

心理健康教育不仅是专职心理健康教师的任务，也是班主任工作的重要内容。学生的心理健康在一定意义上是班主任各项工作的基础。使学生养成良好的道德品质、提高班级的学习水平、对班级进行日常工作的管理，是班主任的重要工作，而这些工作是以学生理解他人、正确认识自己以及良好的自我调控能力为基础的。班主任作为与学生身心发展密切相关的角色，理所当然应该承担起学生的心理健康教育工作。班主任对学生进行心理健康教育有着独特的优势，主要体现在如下几个方面：

班主任接触学生时间长、次数多，对学生了解较全面、较深入，在心理健康的内容选择上具有针对性。

班主任实施心理健康教育，既可在校内，也可在校外；既可在课内，也可在课外；既可利用较长的时间，如入学教育和班会时间，也可利用较短的时间，如课间休息和放学之后，在空间与时间上具有较大的灵活性。

优秀的班主任能使学生产生认同感，具有较强的信任度和亲和力，能够与学生建立稳固亲密的人际关系，在心理知识讲授、心理素质培训、情感交流等方面往往更具有成效。

优秀的班主任大多都接受过师范院校的教育学、心理学的系统而专业化的学习，并且有较强的责任心，有治理好班级的强烈愿望，这是对学生实施有效心理健康教育的前提。

在缺乏合格专职心理教师的地区，以道德教育渗透、学科教学渗透以及班主任工作渗透的形式来开展心理健康教育，将具有更为重要的意义。

(二) 开设心理健康教育课程

学校心理健康教育的主要途径是通过课堂教学，为高中生开设心理健康教育课程，向高中生传授心理健康知识。知识是行为的基石，中学生学习心理健康知识有助于培养其自我认知能力、自我评价能力和自我调节能力等。此外，通过心理健康教育课程对高中生进行系统的教育与训练，能够有效地解决高中生中普遍存在的诸如学习方法问题、人际交往等问题，使其尽快地适应学习、生活、角色、地位等发生的变化。

因此，高中班主任要针对处于不同心理发展阶段学生的心理特点，充分利用课堂适时地向学生传授心理健康知识，让心理健康教育真正进入课堂。在实施课堂教学活动时，要注重学生的自我参与、自我教育和自主活动，让学生通过活动获得心理体验来改变观念、改变行为，促进其心理发展。

(三) 利用现代化教学手段促进学生心理健康

随着信息化社会的迅速发展，越来越多的学校在教学过程中都应用现代多媒体技术和计算机网络，这有利于培养学生的创新精神，有利于提升学生的整体素养，有利于学生积极健康心理的形成。在教学活动中，传统的教学方式常常不能够很好地促使学生完全发挥出其学习积极性，所以，教师要善于积累和利用学生所熟悉的、感兴趣的知识，并与教材上的有关知识相结合，精心制作成使用文字、声音、图像等综合信息的课件。当代高中生天真活泼、求知欲强，易于接受一些新事物、新观点。在新时期背景下对高中生进行心理健康教育，我们要合理利用网络资源的及时性，调动学生的主动性，帮助高中生形成良好的网络意识，树立网德，保持健康的心理。此外，我们还应充分利用网络资源的多元化，培养高中生的想象能力和科学的思维方法。

（四）开展心理辅导和心理咨询

心理辅导活动是以学生为主体，通过教师的指导以培养学生良好心理素质为目的的专门活动，这是学校开展心理健康教育的基本途径之一。心理咨询是一种更为专业的行为，它从心理学、社会学、医学等角度，通过倾听、理解、鼓励和训练等方式，针对高中生的各种心理适应和发展问题，挖掘学生的潜质，培养学生优良的心理素质，提高学生的学习质量。

第七章 高中和谐班集体建设研究

第一节 和谐班集体的概念与特征

一、和谐班集体的概念

一个优秀和谐的班集体是在班主任及其他管理人员的正确引导下逐步形成的，它经历了由组建到优化的不同阶段，学生的心理品质也经历了由不成熟到成熟、由松散到凝聚的发展过程。研究班集体的内涵、特征、作用及其形成过程，既是班集体组织和培养的前提与基础，也是班级管理成功的必然要求。

（一）班集体的含义

要把握班集体的含义，首先要了解何谓群体和集体。

所谓群体，是指在相互交往的基础上而结成的共同体。群体具有下列特征：有共同的需要或社会目标，有一定的组织形式以保证共同任务的实现，有共同的心理倾向和遵守的行为规范。群体从不同角度可分为以下几种类型：按群体构成的原则可分为"正式群体"和"非正式群体"。正式群体是按一定的法律章程建立起来，有法定地位，得到社会承认的群体，如工厂、学校、机关、军队等。非正式群体是由情投意合者自发组织的群体，如以同乡、同学等为媒介组成的团体。按活动目标与社会价值可分为进步性群体和逆反性群体。进步性群体是指其活动方向是促进社会进步，有益于人民的；而逆反性群体是有悖于社会进步和人民群众利益的。按交往范围则可分为大群体、中群体与小群体等。

所谓集体，是指为了实现有价值的社会目标，而严密组织起来，有机构、有纪律、有心理凝聚力的群体。它是群体的一种特殊类型，也是社会群体发展到高级阶段的特殊形态。集体除了具有群体的一般特征外，还具有以下特征：①集体必须具有共同的有价值的奋斗目标；②集体必须具有健全的组织机构；③集体必须具有统一的行为规范和必要的纪律约束；④

集体必须既具有稳定的领导核心，又具有充分发挥积极性的团结友爱的各个成员。

所谓班集体，是指按照班级授课制的培养目标和教育规范组织起来的，由具有明确的奋斗目标、坚强的领导核心以及良好的纪律和舆论的班级学生所组成的活动共同体。从本质上来看，班集体的内涵具有多层次性。首先，班集体是一个以学生亚文化为特征的社会群体，它传导和积淀着班级制度的社会文化基因（教育目标、规范和组织模式）。其次，班集体是一个以教学为中介的共同活动体系，它以课堂教学为中介，整合学校、社会、家庭的教育影响，社会化的共同学习活动是班集体形成和发展的主要整合因素。再次，班集体是一个以直接交往为特征的人际关系系统。正是交往和人际关系，动态地反映了集体与个体、个体与个体、集体与环境的相互作用，标志着集体形成的过程。最后，班集体是一个以集体主义价值为导向的社会心理共同体，集体心理的统一性和社会成熟度综合反映了集体主体性的水平。

班集体与班级并不是完全相同的两个概念。班级作为一种教学的组织形式，是班集体形成的组织基础，班集体只有在班级的基础上才能逐步建设起来。但并不是每一个班级都称得上是班集体，它需要经过大量组织教育和管理工作才能形成。研究表明，班级更侧重于组织名称，班集体则是一种价值判断，反映组织的性质和水平。马卡连柯曾指出："集体是活生生的社会有机体，它之所以是一个有机体，就是因为它那里有机构，有职能，有责任，有各部分之间的相互关系和相互依赖。如果这样的因素一点也没有的话，也就没有集体了，所有的只是随随便便的一群人罢了。"一个真正的班集体，有明确的奋斗目标、健全的组织系统、严格的规章制度与纪律、强有力的领导核心、正确的舆论和优良的作风与传统。它能正常发挥其整体功能，有计划地开展各种教育活动，不断总结经验，使集体不断自我提高、自我完善和不断前进。

（二）班集体的构成

班主任组织和建设班集体的实质是有效实现班集体组成要素的最佳配置。要建设优良班集体，班主任就必须了解和研究班集体的构成要素。班集体的构成要素主要包括班集体目标、班集体交往、班集体组织、班集体规范和班集体舆论等几个主要方面。

所谓班集体目标，是指班集体活动所期望达到的结果，至少应该包括班级集体目标、小组目标和学生个人目标等所谓班集体组织目标，班集体是班级的组织机构，包括班委会、团支部、少先队、学习小组、学生非正式群体等。

所谓班集体规范，是指班级的纪律规范，包括中小学生守则、中小学生日常行为规范、课堂纪律、班级公约、社会公德等。

所谓班集体舆论，是指班级的舆论影响，包括班级的主导舆论、班级同学对不同意见的看法、班级的评价活动、班级舆论阵地的利用等。

班集体的构成要素包含着丰富的内容，班主任应该重视诸要素的研究，实现诸要素的协调一致和有机配置。如果班主任缺乏"要素意识"，班集体的组织与建设就有可能失去重点和缺乏针对性，也就不可能实现班级管理功能的最优化。

(三) 班集体的作用

班集体不仅是班主任进行班级管理的对象，它一旦形成也会自然而然地成为对学生教育影响的重要手段。班集体的作用可以从以下三个方面加以解读。

1. 班集体是促进学生个体社会化的环境

个体的社会化是指根据一定社会的要求，把个体培养成为符合社会发展需要的具有一定态度、情感、知识、技能和信仰的人。个体的社会化程度是其素质水平的重要度量，然而，个体社会化是在一定的社会关系中形成的。学校是学生接受社会教化的主要执行者，学校教育过程是有组织、有计划地推进学生个体社会化的过程。而班级是促进学生实现个体社会化的最重要的社会单位。班级管理者按照一定的社会要求，在实施管理的过程中，以班级的组织目标为导向，借助集体规范、集体舆论、集体活动等，使学生从一个自然有机体逐渐转化为社会成员。班集体对学生个体社会化的作用主要表现在三个方面：其一，在集体生活中，向学生传递社会价值观，指导其确立生活目标，引导他们树立符合社会期望的理想；其二，在班级管理中，引导学生学习、掌握并遵守社会规范，培养学生的社会态度，指导和训练学生的社会行为；其三，在集体活动中，为学生的角色学习提供多方面的条件，提高他们转换角色、胜任角色的能力。

2. 班集体是促进学生个体个性化的舞台

个性化是学生在社会化过程中，社会的各种观念、制度和行为方式内化到需要、兴趣和素质各不相同的个体身上，从而使他们形成的独特的个性心理结构。个性化的要素包括自我概念的发展，自尊心和成就动机的发展，行动、认识、智能、兴趣、思想、情绪等所有个人特质的综合发展。个性是学生整体素质的最直观、最本质的表现。班集体不仅是促进学生个体社会化的重要环境，而且是促进学生个体个性化的舞台。如果说班集体在促进学生个体社会化的过程中，是按照社会要求对个体的社会同一性的管教、定向和控制，其作用方式是对学生个性施以环境和教育的外部影响的话，那么，班集体在促进学生个体个性化的过程中，则表现为按照学生身心发展的特征、水平及其形成和发展的规律，以环境和教育的社会化影响为媒介，通过学生主体性的"内化"机制，形成和发展学生的个性。这两个过程是互为前提、密不可分的。班集体对学生个体个性化的作用主要表现在：班级管理者正确分析和把握班级学生的个性差异及其形成原因，据此设计、确定每个学生的个性完善途径，采取因材施教的策略，在管理过程中有意识、有目的地培养和完善学生个性，促进学生学会自我管理、自我教育、自我发展。

3. 班集体是一种巨大的教育力量

班集体是教育的对象，但它一旦形成以后，便又成为教育的主体，有着巨大的教育力量。马卡连柯非常重视集体教育的力量，并提出了平行教育原则。他指出："教育了集体、团结了集体、加强了集体，以后集体自身就成为很大的力量。"因为，一个良好的班集体不仅能向集体提出奋斗目标，有健全的组织和领导核心，有严格的纪律和很强的集体舆论，还有融洽的师生、同学之间的关系和积极向上的心理氛围。这样的班集体必然使学生的心灵受到积极的影响和熏陶，对他们的言行产生同化力和约束力。学生该做什么，不该做什么，常常是在"随大流"中养成的，就是说由于集体的制约力量，学生能从不自觉到逐渐自觉，并形成良好的行为习惯。集体也能够匡正某些学生的不良行为，使他们这种行为在"别人"面前不能表现，进而有所收敛，以至逐渐自觉地克服掉。这个过程就是在班集体中学生的自我教育过程。班集体的状态越好，这个过程的作用就越强。而离开集体，这种自我教育的能力就会减弱，甚至消失。学生的集体意识也只能在集体中并通过集体活动培养形成。因为集体的要求和行动气氛会促使青少年形成集体意识和服务意识，所以良好班集体是形成青少年集体意识的直接动力。

（四）班集体的形成过程

苏联教育家马卡连柯说："由集体组织者的专断要求到个人在集体要求的基础上向自己提出任意要求所经历的经验，也就是苏维埃学生集体发展的基本道路。"组建一个良好的班集体，既是学校教育工作的需要．也是每个学生的愿望。但是，班集体不同于一般心理学意义上自然形成的群体，它的成员不可能自由选择：其组织者和领导者——班主任是由学校委派的，具有不可选择性。因此，班集体的形成也和其他群体一样，要经历发展过程的各个阶段，各个阶段在奋斗目标、组织结构、活动形式、心理特征和管理方式上具有不同的特点。从教育史上看，有关班集体形成过程的研究具有以下两种观点。

一是马卡连柯的集体形成阶段理论。他从管理的目标任务出发，以对学生的要求不断提高的形式拟定了一个集体发展的顺序。他把这个顺序划分为四个阶段。第一阶段是领导者的绝对要求阶段。在这一阶段，集体组织不健全，由领导者直接向集体成员提出目标、任务和实施要求。第二阶段是为积极分子所支持的要求的阶段。在这一阶段，领导者周围已吸引了部分积极分子，领导者提出的要求，首先为积极分子所支持，并影响其他成员去贯彻执行。第三阶段是整个集体提出要求的阶段。在这一阶段，集体成员自己提出奋斗目标，这个目标为绝大多数成员认同，并执行集体提出的活动计划。第四阶段，是集体形成的最高阶段。集体的每个成员在集体要求的基础上对自己提出要求，每个成员都能关心集体事务，使自己的目标符合集体目标，自觉地使个人利益服从于集体利益并为集体目标的实现而努力奋斗。在这样的集体中，集体生活以"远景目标"为动力，不断努力去达成集体目标，在共同的活动过程中蓬勃向上，不断发展。

二是西方的团体成员心理成熟程度理论。它把团体的形成划分为松散阶段、凝聚阶段、形成阶段和优化阶段。这种理论认为，团体发展的过程也是团体成员的心理不断成熟的过程，即团体成员对自己的目标任务及其意义的认识程度、觉悟水平、责任心、自律性，以及自己确定目标、制订计划、执行计划、检查评价、自我调整的能力等不断发展成熟的过程。在成熟的团体之中，团体具有强大的凝聚力，团体成员能独立活动，能自己调适个人与团体、个人与个人之间的关系，协调各自行为，完成团体目标，形成团结的群体。

根据以上理论，我们认为，班集体从其初步形成到巩固成熟是一个连续的、动态的过程。一个优秀的班集体的形成一般要经过以下四个阶段。

1. 组建阶段

这是班集体形成的低级阶段。由于成员刚刚聚合在一起，互不认识，缺乏了解，班级对同学尚无吸引力，自我管理机构尚未建立起来。这一阶段的主要工作是深入了解学生，选择积极分子，加强常规教育，对学生提出明确而严格的要求，开展促进团结、维护集体利益的活动。当集体的目标和要求已被大家所接受，集体成员能够使个人利益服从集体利益，这一阶段的任务就基本完成了。

2. 形成阶段

这一阶段是在前一阶段的基础上建立起来的。这时，领导核心已基本形成，班级机构也已建立起来，集体的自我管理水平进一步提高。这个阶段的重要特征是班集体自身已初步具有自我教育的能力，集体成员的个人利益已经能够服从集体共同利益。这一阶段的主要工作应抓好领导核心的建立与培养，支持班干部大胆开展工作，加强对班集体舆论的正确引导，正确处理集体荣誉感与狭小团体思想的关系，按照培养目标开展一系列有教育意义的活动。

3. 发展阶段

班集体形成和巩固的主要标志是：班集体领导核心坚强有力，能独立开展工作；正确统一的舆论已经形成，全班已经成为一个组织制度健全的有机整体；班级教育目标已转化为学生自己的奋斗目标，集体中的每个成员都能为共同目标而自觉行动；良好的班风和团结互助的人际关系已经形成。这个阶段的主要特征是，将集体的要求变成每个成员的自觉要求，集体已成为教育的主体，学生担负起自我教育的使命。这一阶段的主要工作是向班集体提出更高层次的奋斗目标：进一步提高班干部的素质，扩大积极分子队伍；让学生自我教育、自我管理；提高班集体活动质量，发展学生个性。

4. 成熟阶段

这一阶段是班集体趋向于成熟的时期，班集体的特征得到充分的体现，并为所有班集体成员所内化，全班已经成为一个组织制度健全的有机整体，整个班集体洋溢着一种平等、和谐、上进、合作的心理氛围，学生积极参与班级活动，并使自己的个性和特长得到良好的发展。

二、和谐班集体的教育功能特征

（一）和谐班集体的特征

班集体作为一个独特的学生社会群体，有着自身鲜明而独有的特征。概括而言，和谐的班集体主要具有以下几个特征。

1. 目标特征

凡是班集体，都有明确的共同目标。在班集体里，学生能够把社会和学校明文规定的教育目标化为自己的目标，达到群体成员之间目标定向的统一。由于目标定向的统一，班集体具有明确的发展方向，这是班集体的首要特征。明确的奋斗目标能够成为动机推动行为，给人以力量，克服困难并一步步奔向目标。一个共同的奋斗目标能对群体的行为产生凝聚作用，增加向心力。有了它，集体就有了方向和动力。在目标的指引下，集体中的成员按照目标中的要求控制、调整自己的行为方向，使自己成为一个集体需要的人。

共同的奋斗目标是指班集体在一定时期、一定阶段要完成的任务和达到的要求，是集体成员共同的期望和追求。共同目标的确立和落实的过程，就是促使学生全面健康发展的过程，也就是把全体学生的积极性和创造性引向正确方向的过程，这对组织和建设班集体有着重要意义。

2. 组织纪律特征

班集体并不排斥个人的行动自由，不否定个人的兴趣爱好，但班集体崇尚集体主义精神。在班集体内，关心集体，爱护集体，遵守集体的规范，通力合作为集体争荣誉，是班级生活的主旋律。个人以自己是班集体的一员为荣，必要时愿意为了班集体约束自己，而不妨碍班集体。

严密的组织纪律是靠严格的规章制度打造而成的。人是需要制度去管理的，班集体的形成离不开严肃的规章制度。好的规章制度能奖勤罚懒，鼓励先进，鞭策后进，能规范全体学生的行为，培养良好的班风。如，有些班级本来卫生状况很差，后来班主任实施了卫生包干制度，将班级的地面划分为块，每个人都有自己的包干区，并进行评选。这个制度迅速扭转了班级的卫生状况。

3. 行动、情感特征

班集体的行动特征是令行禁止。当班集体已经形成集体自觉的传统时，班集体认为该做的事，一经决定就会立即去做。同样，班集体不认可的事，一经决定不做就会立刻停止，即使个人有不同看法，也应该服从。

班集体的情感特征是彼此相悦相容。因而，学生生活在这种集体里感到非常愉快，这是社会上许多群体难以具备的特征。班集体能容纳各种个性的学生，不同的人都可以从中得到关心、照顾和帮助，而不会遭排斥、受歧视。它给学生提供了许多积极的体验。

4. 舆论特征

集体舆论是指在班集体中占优势的，为大多数人所赞同的意见和言论。舆论有正确和错误之分，班集体中的正确舆论是维护班集体道德面貌，协调人际关系的有力手段。班集体中的正确舆论，肯定、支持、鼓舞和激励一切道德行为和符合真善美的事物，使每个积极上进的成员都能在正确的舆论中汲取勇气信心和力量，发挥扬善抑恶的作用。正确的舆论是良好班集体的重要标志。

5. 凝聚力特征

凝聚力是指集体对其成员产生的一种吸引力。班集体之所以有巨大的吸引力，主要是它能满足中学生多种积极的需要：学习与同龄人交往的需要、归属某一群体的需要、爱的需要、自尊的需要、成就的需要。满足中学生多种积极的需要是集体凝聚力产生的社会心理基础。中学生在需要不断获得满足的过程中，将逐步认识到个人服从集体的意义，认识到集体团结统一的价值，认识到每个成员对集体应负的责任和应尽的义务。总之，当集体成员真正形成集体意识并且产生了集体的责任感、义务感和荣誉感的时候，集体的凝聚力才会真正形成。

（二）和谐班集体的教育功能特征

1. 班集体不仅是教育的对象，而且是教育的巨大力量

主体，具有巨大的教育能力。教育家马卡连柯认为，"集体是一种很大的力量"，"在班集体中不用任何专门的办法，就可以发展关于集体的价值，关于集体尊严的概念"。苏霍姆林斯基指出："集体是培养全面发展个

性的重要手段。"班集体形成后能向其成员提出要求，指出努力方向，并通过集体的活动、纪律与舆论来培养成员的品德，它能紧密地配合班主任开展工作，成为班主任依靠的力量。班主任在班集体的培养过程中，也体现出集体教育与个别教育是紧密联系的。班主任在教育集体时，实际上也就是在教育学生个人，而他在做个别学生的教育工作时，也是为了更好地培养集体。因此班主任在抓好集体教育的同时，还要广泛接触学生个人，以班集体的力量去做好个别教育工作。

2. 班集体是促进学生个性发展的一个重要因素

在班集体的各种活动中，一方面，每个学生通过自己的经历和感受，都会积累集体活动的经验，掌握丰富的道德规范，养成良好的思想品德，更加社会化；另一方面，每个学生都能在班集体活动中找到适合自己的活动和角色，不断发展自己的志趣和爱好，而且更加个性化。苏联教育家克鲁普斯卡娅指出："只有在集体中，学生的个性才能得到最充分最全面的发展。"优秀的班集体应该珍视学生的独特性和培养具有独立个性的学生，引导他们通过集体活动中不同的途径和多样的形式来树立体验个体成功的积极心态，从而形成具备乐观向上精神、养成良好行为习惯、拥有稳定情绪的班集体风格，因此，班集体建设与学生个性发展之间是相互作用、相互促进的互动关系，科学的班集体建设促进了学生个性的和谐发展，学生个性的完善也促进了班集体的进步。发展是在同一个过程中实现的，二者是同一个过程中的两个方面。学生个性只有在班集体环境中才能得到比较好的体现，也只有在班集体活动中才能形成和发展。没有班集体，个人的思维和举止没有集体的约束和促进，也就失去了比较和参照的对象，学生个性发展就会受到影响。

3. 班集体能培养学生的自我教育能力

自我教育能力是指学生自觉主动地把思想道德规范在内心加以理解和体验并通过实践转化为自己比较稳定的自觉行为的能力。班集体毕竟是学生自己的集体，有它的组织机构，有学生参与制定的集体规则。学生在班集体中从事学习、锻炼、交往活动，也需要遵守一定的规则，依据一定的程序。在班集体生活中，学生会逐渐形成个人在集体中活动既有"自由"，又要遵循规则的规范。这无疑能有效锻炼和提高学生的自我教育能力。随着班集体活动的有序开展，学生的自我教育也将提高到自觉的程度。

第二节 和谐班集体建设的基础理论与原则

一、和谐班集体建设的意义

（一）有利于学生群体意识的形成和良好个性的发展

通过班集体活动和学生群体间的交往，学生不仅能积累集体生活的经验，发展自己的志趣和爱好，而且能够会合作、学会交往，学习做人之道，从而促进学生良好思想品德和个性品质的形成。

（二）有利于培养学生的自我教育能力

班集体是学生自己的集体，有它的组织机构，每个学生在所归属的班级中都能找到适合于自己的活动、工作和角色。班集体成员有共同的目标，明确的职责分工，有统一的规章制度、权利和义务。它要求班级中的每一个成员学会自己管理自己、教育自己，自主地制订集体活动计划，积极地开展各项工作和活动，锻炼自我教育能力。

二、和谐班集体建设的方法

（一）知己知彼，方能心想事成

作为班主任，要想建设一个良好的班集体，就一定要全面彻底地了解学生的所思所想，掌握学生的思想脉搏，如此方能在建设班集体的过程中，有的放矢地进行思想教育。这正是兵法上所说的"知己知彼，百战不殆"的道理。倘若班主任不了解自己的学生，想当然地依据个人的美好理想而不是班级实际制定班级工作内容，那无异于瞎子摸鱼、闭上眼睛捉麻雀，是很难取得实效的。因此，班主任要建设一个良好的班集体，首先就要在开学前了解学生，尽早从学生科、教务科拿到本班学生的第一手资料，并在接待新生时用心记住每位学生的名字，知道他们的兴趣和爱好；了解学生的家境情况，积极备好开学第一节课的内容。还要了解本校的校园环境、发展历程、美好未来及师生的奋斗目标，使学生对今后的学习生活充满希望。

（二）摸准情况，对症才能下药

教育有其特殊性，特殊在于不同的学生有着不同的特点，要用不同的教育方法，方能对症下药，取得成效。无论是教育怎样的学生，使其树立自信心都是最重要的。因此，班主任在建立良好班集体时，工作重点就在于培养学生的自信心。须知，一个对自己充满自信的学生，才能激发出超越自我、超越他人的愿望，不断开发自己的潜能，得到主动发展，才能具有独立思考、勇于创新的科学精神，才能在学习生活的各种困难和挫折面前冷静沉着、坚忍不拔。成功是自信的基础，班主任可以运用多种方式不断激励学生，为每一个学生提供成功的机会，促其成功，让学生在不断努力、不断成功中获得自信，形成成功自信的健康心理。

（三）软硬兼施，双管齐下

班集体建设任重而道远，班主任更是班集体建设的主要执行人。同时，其他科任老师及家长在班集体建设过程中也发挥着重要的作用，仅靠班主任一人是无法做到尽善尽美的。只有依靠各位科任老师和家长的密切配合，才能形成一股强大的合力，共同创造有利于学生全面发展的良好环境，最大限度地促进学生的成长。那么，如何利用各方力量，创建一个良好的班集体呢？

1."硬"管理

没有规矩，不成方圆。班级是一个有共同奋斗目标的集体，为了能让这个集体胜利实现它的目标，必须有"硬"性的规章制度，班级的各项管理制度的建立健全是这个集体拥有战斗力的保证，在制定班级制度时，要注意突出以下几个方面：

首先，制定班级管理制度时要讲科学性。班主任要以《中小学生守则》和《中小学生行为规范》及学校相关部门的有关规定为依据，结合本班特点，制定出本班的各项管理制度，全面实施素质教育。其次，班主任在班级制度管理方面要讲民主性。班主任在制定制度时，应先根据本班实际，草拟方案，再由班干部出初稿，最后在班会上讨论通过。这样的制度有群众基础，也才有其生存的空间。第三，班级管理更要讲究针对性和可操作性。所定制度一定要切合本班情况，不要面面俱到，要有计划地解决学生的突出问题。可操作性是指尽可能量化，从各方面客观指导和评价学生的品行和学习。另外，班级制度一定要适时修改和调整，最好一学期一次，这样才能使制度确实成为班级发展的需要，做到与时俱进。

2. "软"管理

斯宾塞在《教育学》中曾提出："记住你的管教的目的应该是养成一个能够自治的人，而不是要让别人来管理的人。"因此，班主任在创建良好班集体时，在强调"硬"管理的同时，也要尝试一些"软"管理的手段，作为对"硬"管理的有效补充。

第一，要在班级形成正确的集体舆论，培养优良的班风。良好的班风是学生好好学习的保证。只有建立良好的班风，才能使全班大多数同学在班级这个集体中学习生活得心情舒畅。一个班级有了它，任何问题都能迎刃而解，因此要下大力气培养学生的学习兴趣，树立起班级在学习、品行上奋勇当先的竞争风气。那么如何才能培育出良好班风呢？要形成正确的集体舆论，培养优良的班风就要做到：形成积极向上的进取精神，确立正确的是非、善恶、美丑、荣辱观念，有比较强的识别判断能力。通过文娱活动、体育竞赛、公益劳动等活动，形成对集体的荣誉感和责任感以及为集体争光的良好习惯。通过班会、团队活动、黑板报等形式，树立先进，维护正气，抵制歪风邪气，不断提高学生判断是非的能力。加强自我教育的能力，真正贯彻自我教育、自我管理、自我服务、自我约束的精神。

第二，要培养一支强有力的班干部队伍。班干部得力与否，是否能形成坚强有力的核心，是一个班级好坏的最主要因素之一。班干部要做到：思想品质好，热爱集体，在广大同学中起榜样示范作用，具有一定的感召力和凝聚力；对人生、前途充满希望，有一定的组织能力和管理能力；遵纪守法，诚实正派，团结同学，是非观念强，心理素质良好，有忍让精神和吃苦耐劳的意志品质；有较好的身体素质，能正确处理好工作和学习的关系，不至于因为担任学生干部而影响学习。

第三，要创建丰富多彩、积极向上的班级文化。搞好班级环境建设，使它能把对学生的思想教育寓于生动活泼的情境和丰富多彩的形式之中，让学生产生愉悦感，逐渐形成认同感。通过各种活动引导学生了解社会、熟悉社会、学习社会和适应社会，从而增强人际沟通能力。让学生锻炼迎接挑战、承受挫折的勇气和能力。

第四，要关爱学生，帮助学生树立信心。班主任工作要突出一个"爱"字，爱是教育的前提。苏霍姆林斯基说过："教育技术的全部奥秘就在于如何爱儿童。"在生活上呵护他们，学习上帮助他们，形象上引导他们。对他们施之以爱、晓之以理、动之以情，就会创造出和谐的教育教学氛围，培养学生的自我管理意识，促进学生的全面发展。

总之，一个良好的班集体就在于让每一位学生都对成功充满渴望，都对自己充满信心。在这样的班集体中，学生精神上获得的愉悦体验往往超过对物质的追求，他们得到了同学特别是老师的肯定和承认，不同类型的学生的心理需求都得到满足，均可以各尽所能，在锻炼个人能力的同时，展示自己的才华，进而产生强烈的上进心，最终其自我管理能力将得到提高，各方面成绩将得以提高。可以说，这才是最成功的教育。

三、和谐班集体建设的原则

（一）方向性原则

方向能提供班集体建设的前景，激发动机，增强内聚力。新时代背景下班集体建设的远景目标要与祖国的需要相一致，必须把坚持社会主义道路、坚持党的教育方针、坚持把学生培养成社会主义建设者和接班人作为方向，为早日实现中华民族伟大复兴做出贡献。

（二）教育性原则

这是从教育的本质规律和管理对象这个特殊矛盾体提出来的。班集体建设中的教育对象是人，是一群可塑性很强的青少年学生。班级教育的最终目标是将青少年学生培养成社会主义建设者和接班人。因此，班集体建设中的任何一项工作，利用任何一种方法，班集体建设中的任何一种环境，采取的任何一项措施，制定的任何一项规范，都要符合学生成长的规律，都要有教育的力量。

（三）个性全面发展原则

教育的本质就是促进人的个性全面发展。创建班集体是一种手段，目的是全面发展学生的个性，为培养社会主义事业需要的人才、提高民族素质打基础。集体建设通过个性获得全面发展的学生去实现，而学生个性的全面发展必须依赖集体建设提供环境与条件。在班集体建设中，要创设学生获得最大限度个性全面发展的空间。

（四）民主性原则

在班集体建设中贯彻民主性原则，既有团结全班学生群策群力投身班集体建设的现实意义，又有通过民主生活、增强学生的民主观念、陶冶学生的民主意识、养成学生民主作风的深远历史意义。在班集体建设中贯彻民主性原则，既是建设班集体的手段，也是教育的培养目标。

遵循民主性原则要做到：班集体建设要依靠全班每个学生积极参与，充分发表意见，共同决策；民主产生班干部，干部作风要民主；教育教学民主，培养学生建设以真理为准绳的民主思想作风。

（五）平行教育影响原则

平行教育影响原则也叫"同时作用原则"，是苏联教育家马卡连柯的重要集体教育思想。其宗旨是在教育过程中，教育个别学生与教育学生集体是同时进行的，教师的教育艺术是自觉而机智地从个人转向集体，并同时从集体转向个人，因为教育个别学生的同时也就教育了集体，个别学生的品行、习惯和个性心理品质往往会给集体以巨大的影响；反之，对学生集体进行教育，也就是对个别学生进行教育。在遵循"平行教育原则"时对学生的教育要求，不是直接向单个学生提出的，而是通过集体的目标和规范，以及组织学生集体的共同活动和在活动中建立的人际关系等中介提出的。这样，按照一定教育目的组织起来的班集体就成了自我教育的主体，集体对学生个性发生影响的实质亦在于此。

重庆市合川中学的班主任吴仁祥老师就在班集体建设中成功地运用了"平行教育影响"这一原则。他从高一学生进校时就将全班学生分成几个小组，分别以不同层次的"清华""北大""香港大学""上海交大""浙大""复旦""中科大""人大""华中科大""北师大"大学命名，每组有相应的"地盘"（座位）。而这个"地盘"不是固定不变的。班委会将德、智、体、美、劳各项指标量化为分值，每个人的行为举止都会有相应的分值，以组为单位，每两周进行一次组与组之间的总结评比，小组总分有升降就会有"地盘"的轮换，下降的小组就要将优越的"地盘"让位于上升的小组。个人行为直接影响小组成绩，同时，小组集体成员也会帮助监督小组中的个人遵守规范，努力进取，提高小组的地位，以获得优势"地盘"。所以，个人和集体是相辅相成的。这样给每个小组一面旗帜，也是给每个学生一面旗帜、一个奋斗的目标。激励学生勇于竞争，乐于合作。这就是遵循"平行教育影响原则"的表现，能使班集体形成一种竞争合作的意识和精神，能培养出一个优秀的班集体。

（六）知行统一原则

该原则是指在班集体建设中，对学生进行创建班集体的目的性教育与让学生在创建班集体过程中进行实际锻炼并重，将提高学生的思想认识与培养行为习惯相结合，做到知行统一。同时，教师要做到言行一致，以身作则，为人师表。

第三节　高中和谐班集体建设创新与实践

一、高中和和谐班集体建设现状

（一）缺乏核心团队

在很多班级建设过程中，对于管理部门的设置有很多，并且可以说人人都有一个所谓的官职，人人有事做，事事有人做，这样的分工不能说是差，只能说是缺乏核心，没有真正的任务主导和战略示范的特征，这就导致学生即使在完成任务后也不知道任务的目的是什么。

（二）缺乏学生管理和活动策划组织

很多高中学生在学校都拥有自己的职务，有自己负责的事情，但是问题出现在教师方面，班主任把主要工作自己承担起来，高中生正处于需要成长和磨炼的阶段，已经不愿意接受一个指令一个动作的管理，他们更愿意用自己的方式完成任务。高中生自行策划管理、组织活动，在减轻教师的工作负担的同时，适合新时代班集体建设的发展。

（三）班级制度的设立和实施执行

一个整体的班级，必要的制度设立十分必要，不得不说，高中生处于心理快速发展的阶段，如果没有强硬的制度措施去控制，就很容易形成叛逆心理，对于班集体的建设也是影响很大的。

（四）班集体活动单调

班级活动范围狭小，很多学校的活动多是名目相同、创新不多的，学生早已失去了新鲜感，学生活动的范围就是在学校里，对于活跃班级的氛围、建设创新型的班集体有弊无利。

二、高中和谐班集体建设创新与实践

（一）确定班集体的奋斗目标

新时代对教育工作提出了新思路、新方法、新要求，学校的班级建设工作也要紧跟时代步伐，推陈出新，大胆探索，以适应新时代对教育、对人才的要求。班主任要善于从本班实际出发，不断提出振奋学生精神、鼓舞学生前进的奋斗目标。以便统一全班学生的意志和行动，推动班集体的形成、巩固和发展。奋斗目标一般包括：近期目标，如搞好课堂纪律；中期目标，如成为优秀班级；远期目标，如每个学生都成为全面发展的好学生。这三种目标要互相衔接，组成一个符合教育要求的体系。实现目标要先易后难，先近后远，循序渐进，逐步提高，特别是实现近期目标的时间不宜过长，要尽快让学生获得"成功"，尽早得到"快乐"的体验。目标的提出要适合学生的接受水平，要鲜明、具体、生动，富有吸引力、号召力，便于学生理解和记忆。集体的目标应当由班主任同班干部或全班同学一道讨论确定。目标一经提出，班级的一切工作就要围绕这个目标来进行。目标实现后，要及时总结、评比，接着提出新的奋斗目标，组织新的活动，使班集体处于不断进步之中。

（二）选择和培养班干部

班集体是有组织、有领导的。只有把全班学生组织起来，才能有效地形成集体。而要把全班学生组织起来，就要发现、培养积极分子，挑选和培养班干部，建立起班集体的领导核心。班干部是在同学中比较有影响力的人物，一定要选出关心集体、办事认真、作风正派、能团结同学、愿意为同学服务、学习成绩较好、能起模范带头作用，并在同学中有一定威信和有一定组织能力的同学来担任。班干部选定以后，就要根据每个人的能力、爱好和特长，分配给他们适宜的工作，放手让他们自己去做，使他们逐步学会自己管理自己，与此同时，班主任可从旁加以指引。为了减轻学生干部的负担，应避免兼职；为了让更多的学生有机会承担社会工作，从中得到锻炼，班主任要努力创造条件，定期轮换班干部。班主任要加强对班干部的培养和教育，对他们既要交任务，又要教方法；既要鼓励他们积极、主动、大胆地工作，又要帮助他们好好学习，提高思想觉悟和工作能力；既要发挥班干部的骨干作用，又要引导他们团结同学，平等待人。班主任要随时注意发现、培养新的积极分子，不断扩大积极分子的队伍。

（三）培养正确的集体舆论

舆论是在集体内占优势的、为大多数人所赞同的言论和意见。集体中正确的舆论是维护班级道德面貌、协调人际关系的有力手段。形成正确舆论是形成良好班风的重要条件。舆论一旦形成，它就成为对不良行为起限制作用、对良好行为起鼓励作用的无形力量。首先，班主任要教育学生关心集体、关心同学，在是非问题上，态度要鲜明，对班级中的好人好事，要大力宣传。对学生的错误、缺点，要及时批评、指正，防止蔓延。要充分利用各种舆论媒介，如墙报、黑板报、专栏等，来造成强大的、健康的集体舆论。班风是一个班级的风气，它是班集体大多数成员的思想观念、意志情感、言论行动和精神状态的一种倾向或共同表现。一个班集体的舆论持久地发生作用就会形成一种风气，这种风气被巩固和保持下来就是规范，即成为同学们自觉遵守的行为规范或习惯。优良的班风是一种巨大的教育力量，它无形地支配着集体成员的行为和集体生活，培养集体成员的荣誉感、自豪感和对集体的尊重，因而对形成和发展班集体具有巨大的作用。班主任要有意识地培养优良的班风。班主任要善于将学生的优良品质和作风在同学中宣传、扩大、巩固，反复实践，使之得到班集体的支持和认同。优良班风形成以后，还要教育全班学生珍惜它，使之不断完善。

（四）有计划地开展集体活动

经常性的班集体活动有班会、读书活动、智力竞赛、参观访问、文体活动、科技活动、公益活动、节日活动等，以上活动要有计划地开展。为了达到活动效果，必须注意以下几点。第一，活动要有明确的目的。这个目的应是符合学校工作要求的，也是班级的需要，重在教育学生，开阔视野，增长知识见闻，总之，使学生有所得。第二，集体活动的内容要有针对性，要在充分了解学生和集体的基础上进行，活动内容是正确、科学、深刻的，要符合班集体建设和学生个体发展的需要，要符合学生的年龄特点。第三，活动的过程要精心安排，做好充分的准备。活动的准备过程和活动的过程要使学生得到锻炼，在这两个过程中，班主任要调动每一位学生的积极性，如让学生提供活动计划，制订活动方案，组织、主持活动。这个过程也是学生在集体中教育与自我教育的过程。第四，要做好活动的小结工作。每次组织成功的集体活动都会给学生留下深刻的印象。为了巩固活动的效果，班主任要及时做好集体活动的总结工作。在总结的基础上，可以进一步提出要求，进而使下次的集体活动提高一个层次。

　　班会活动是班集体活动中最经常开展的活动，且收效较好。班会活动分为一般性的班会活动和主题班会两种。一般性的班会活动内容有讨论班务工作计划，这一般在学期初进行；阶段总结会，在每月中进行；讨论班级中复杂的、大家关心的问题，如纪律问题、团结问题、国内外重要问题等，可随时进行。班会的另一种形式是召开主题班会。这种班会一般是结合国内外形势、学生思想特点和实际状况，选择一个主题，有目的、有计划地进行。主题班会针对性强，花时间多，组织得好，会给学生留下深刻印象，甚至将令学生终生难忘。

第八章　高中班级文化建设工作开展研究

第一节　高中班级文化建设工作开展的重要性

一、高中班主任班级物质文化建设

班级文化是一个班级的灵魂，班主任应从培养全面发展的建设者和接班人这一总体目标出发，利用班级文化的潜移默化性和自我教育性等特点，将社会主义核心价值观渗透进班级文化建设中，让学生真正领悟社会主义核心价值观的内涵，并在日常学习与生活中努力践行社会主义核心价值观。高雅、生动、形象的班级物质文化，对学生具有潜移默化的教育影响力和感染力。新时代背景下班主任在为班级提供良好的教育设施（如宽敞明亮、空气流通、视听效果佳的教室等）的基础上可组织全班学生对教室进行精心"包装"，让教室的每一面墙、每一个角落都具有教育内容，富有教育意义。用苏霍姆林斯基的话来说就是："无论是种植花草树木，还是悬挂图片标语或是利用墙报，我们都将从审美的高度深入规划，以便挖掘其潜移默化的育人功能，并最终实现连学校的墙壁也在说话的远大目标。"

（一）布置教室

班集体的奋斗目标是维系班级师生为之奋斗的纽带，班训或班徽可张贴或悬挂在教室的醒目之处。教室的正墙上可悬挂班旗或国旗或者张贴治学格言，侧墙上可设置"表扬激励"栏，后墙黑板报两边可设置争先角、生物角等。学生在这样的氛围中学习、生活，不仅可以陶冶情操，还可以产生对美好事物的向往和追求，培养爱国、爱校、爱班的情感。

（二）办好班报

班级剪报、班级水彩快报、班级卡通画报以及黑板报等，是学生施展才华、倾诉心声、摄取知识的"宝库"。一个主张校园文化教育观的学校，应班班都有这类"班级传媒"，培养一批小记者、小通讯员、小主持人。从文字编辑、新闻采写到版面设计，可任由学生"八仙过海，各显神通"。学生天真烂漫，富于幻想，这方"百草园"有利于培养他们的想象力和创造力，以及设计、书写、写作的能力。

（三）建好图书角

建设班级图书角，可以引导和鼓励每一个学生把自己最喜爱看的书和报拿出来，与他人交流，培养学生的奉献精神。班级应当积极开展争做图书角的"主持人"、争做图书角的"热心读者"活动，每学期举办一次"推荐、介绍一本好书"征文比赛。这些举措将充分调动学生的读书积极性，使图书角发挥其应有的文化园地作用。

（四）设计墙饰

墙饰即墙壁的装饰，它能让墙壁说话。这就需要教育工作者独具匠心，美化墙壁，为育人服务。例如，可以将一些历史伟人、民族英雄、革命导师、著名科学家、思想家和各方面的杰出人物的画像及他们的生平事迹挂于教室外走廊，激发学生对伟大人物的敬仰之情；可以在教室墙壁上挂一些名言警句，并请擅长书法的学生书写，请爱好美术的学生配图；可以挂上班级获得的奖状锦旗，它是一种荣誉，也代表一个班的历史，是一个班集体共同奋斗成果的结晶，学生经常注目，会产生强烈的班级荣誉感。

（五）绿化和生态角

在教室的一隅放置一盆吊兰或水仙等绿色植物，能够调节教室的气氛。绿色还能给人的视觉以抚慰，使人宁静，让人消除身心、视觉的疲劳。可在教室的窗台、卫生角上放置吊兰、文竹、宝石花等绿色植物，使教室生机盎然。为了营造这种绿化美，可由学生负责定期更换盆景，使教室常绿常新。

（六）班管橱窗

可在教室门外的墙壁上设计班管橱窗。例如，班管橱窗内可列以下几个栏目：班级精神或奋斗目标，班主任、科任老师一览表，课程表，班队干部分工，班级值日生，班级常规管理成绩统计等。设立班管橱窗，便于学校进行常规检查，它还可以成为一个班级文明建设的窗口，对规范学生的言行能起到积极的作用。

二、高中班主任班级精神文化建设

（一）班风

班风是指某一个班级的精神面貌和整体氛围（或特色风格）。良好的班风一旦形成，对班集体和集体所有成员都会产生一种鼓舞和制约作用，它是在班主任的引导下通过全班同学共同和长期努力逐步形成的一种精神力量。优良的班风主要包括：一是有明确的集体奋斗目标和班级特色，二是体现一定的时代要求和新一代少年儿童精神风貌，三是有鲜明的个人人格修养目标。

班风对学生心理和行为的影响主要有以下两个方面。第一，班风对个体人格和行为的作用过程，就是个体社会化的过程。班风体现了校园文化的总目的、总要求，也就是体现了社会主导文化价值对"准社会成员"的期望和要求。如一个尊重后进生、互帮互学、既竞争又合作、少嫉妒多赶超、师生友爱的班集体氛围，就体现了新时期青少年的精神风貌。班主任在这个过程中要花费大量的心血，因为他们既是班级的引领者，又是班级的一员，学生的良师益友。因此，班主任的一举一动，哪怕一个姿势、一个微笑、一句评价都会对学生产生某种权威的、终身的影响。第二，班风所蕴含的精神规范和目标内化为个体的主体意识和自觉行为的过程，是一个文化渗透和浸润的过程，可谓"随风潜入夜，润物细无声"。这就是说，这个渗透过程是通过教师的暗示、表率作用和学生的模仿、认同、从众等复杂的心理活动来实现的。班主任要设法整合自身的影响、科任教师的影响、家庭和社会的影响、学生心理感受等因素，促使学生人格健全和完满地发展。

（二）班训

班训的共性问题，首先要在理论上明晓。纵观我国中学校训和班训目标，主要是抓学生的文化人格和非智力因素的养育和训导。从理论上说，这些素质是人赖以立志、立业、立言的道德基石，或叫基础文明，像勤奋、朴实、诚实等。从社会实践的角度看，班训及学校教育强调的这些品质，也是符合我们对现代人人格的期望的。据中国人民大学舆论研究所开展的调查显示，在 19 类社会成员中，教师、军人、工人、科技人员和农民成为中国改革开放社会"最可爱的人",因为这些人具有普遍令人欢迎的人格特点——正直、善良、真诚、尊重人、乐于助人、不自私、待人平等、忠实可靠、办事公道等。班训是班级个性、特色的高度概括和精神标志,是班风、教风、学风的共同参照目标。特别要指出的是,班训的特色是校长及班主任是否具有自主权、教育观以及创造性地贯彻执行教育方针的胆略、能力的一种反映。

(三)班徽与校徽

班徽往往能表现主体的固有性格和最高理想,是反映班级文化特征和精神的一种形象、物化标志。班徽虽没有校徽的知名度大,为师生所认同、使用也不普遍,但对人格发展的作用机制与校徽是一样的。班主任应该具有超前意识,在创设班徽上做些尝试。另外,班徽可佩戴,也可以悬挂在教室里。只要对学生人格发展有益,班徽的形式及其使用可多种多样。校徽是以凝练、简括和明了的形式反映学校精神、理想、风格的一种图案标志。校徽和校歌、校训一样,是任何学校都不可或缺的,是反映学校个性和追求的重要文化标志。

(四)班歌

班歌是班级文化的重要内容,它是班级的精神风貌的展示,是一种典型的文化标志。班歌的特点是:第一,要能集中表达班级整体精神风貌、希冀和追求;第二,先定歌词,而后据之作曲,歌词不能随意写,可通过班内外征歌的方法来确定;第三,班歌的旋律应活泼、奋进、欢快,且不乏端庄、神圣、高雅、气派,班歌在正式场合、非正式场合都可以歌唱,但在正式场合歌唱或演奏更有表现力和教育价值;第四,班歌的格式可以多种多样,但无论运用何种格式,歌词中的叠句是非常重要的,反复吟唱,可以让人印象深刻,催人奋进。

三、高中班主任班级制度文化建设的重要性

制度是一种文化,具有重要的文化和价值导向作用。践行社会主义核心价值观,是班级文化建设不可或缺的文化资源,将为学生的个性成长创造一种特有的文化环境。一个优秀的班主任,需要用自己的智慧和想象去创设有特色的、非正规的、符合班级和学生发展实际的班级制度。

（一）班级制度文化的作用

班级制度文化往往能够起到观念的导向作用，学生个性的成长正是在班级中的各种规范的影响下不断完善和成熟的。一方面，班级制度文化能够渗透教育者的教育信念。每一个教育者都有自己独特的教育观念，而这些教育观念会以各种方式表现于他的教育行为中。班主任是班级的领导者，班主任的教育理论修养、对教育问题的理解以及由此而凝练成的特有的教育信念，必然会以一种文化的力量渗透在他所推行的班级制度建设之中。班级制度文化会对学生的人格发展产生巨大的"心理期待效应"。教育文化学的研究指出，人有按他人期待而行动的心理倾向。有学者做了非常形象的描述：如果你把他们看作小孩子，他们将像小孩子那样去行事；如果你期望你的孩子去欺骗人，他们将不会令你失望。一些优秀的班主任，在班级管理中正是充分运用班级的文化制度建设来传递自己的教育期望的。另一方面，班级制度文化能够约束和控制学生人格发展的方向。学生正处于文化人格的形成时期，其各方面的发展都处于不稳定状态，因而外界的文化环境对他的影响就显得特别重要。当他处于一个好的文化环境中就可能形成一种积极的文化人格倾向，而在不好的文化环境中就可能形成消极的文化人格。

（二）班级非正规制度文化的影响

班级制度文化的内容虽然十分广泛，但就其特点来看主要可分为班级正规制度和非正规制度两个大的方面。这两种制度具有不同的特点，班主任在班级建设中应正确把握两种制度的区别。一般来讲，正规制度是由学校制定的，是一种预设性的制度，它主要是对学生的学习和生活的最基本方面进行规范和制约的，诸如作息制度、考试制度等。正规制度一般又被视为一种硬性制度，它对学生行为的规范往往是外在的和基本的。非正规制度是由班主任根据正规制度的要求，经过独立思考而创造出来的行为规范。非正规制度一般又可看作一种软性制度，它不是通过外在的规范制约学生，而是以积极的倡导作用发挥建设性的教育功能，它的内容常常比正规制度更广泛、更丰富。

班级中的非正规制度是一种软制度，一般来说，它具有一种约定性和协商性。非正规制度的约定性与协商性也说明了班级文化制度建设的多样性和灵活性。它能深入学生丰富多彩的学校生活之中，因而也需要班主任投入更多的精力和智慧，充分发挥自己的创造才能。班主任只有依靠丰富的教育素养，依靠对学生深切关爱的感情，才可能创造出显示自己个性的班级文化制度。

（三）班级制度文化的形成基础

班级制度文化建设是树立班级理念的重要手段。依靠制度对学生行为的约束性和对教育价值的倡导性，可使制度建设融入班级理念的培育过程。首先，从制度中获得树立班级精神的氛围。一个班级要有良好的精神风貌，必须依靠一定的组织规则来调控和维持。在班级中制定制度性的规范，不仅可以约束学生的行为，还可以起到对学生思想观念的规范和导向作用。科学合理的班级制度，本身就会构成对学生行为的一种观念上的氛围。一个具有创新意义的班规的形成，也就赋予这个班级特定的教育价值。班主任是班级的领导者，他可以创造性地利用班级制度的约束作用来培育一种班风。其次，由制度规范塑造班级理念。制定出班规，只是制度建设的一个方面，有了制度不等于就能够自动转化为班级的精神和理念。班规中的内在价值还需班主任通过日常管理行为来实现。班规能够体现一种精神，但班主任如何利用和挖掘班规的内在精神，并使之体现在班级活动过程之中，这是班规建设的关键。只有当班主任与学生对班规的意义取得共识时，班规才能够发挥它特有的价值导向作用。班主任在制定和执行班级规范时，首先应清楚自己为什么要制定这个规范，要研究班规对学生将会产生什么样的文化影响，即是积极的还是消极的，是有利于学生人格成长的还是不利于学生人格成长的。如果班主任为学生制定的规范只是可以使学生变得规矩听话，减少班主任管理学生的麻烦，使班主任能够从早晨到学校至晚上离开学校变得更加清静，那么，这样的规范最好还是不要让它出现在学生面前，因为它只能约束学生，使他们从小就丧失做人的自信和创造精神。

第二节　高中班级文化建设工作开展存在的问题及原因

一、班级文化建设存在的问题

（一）对班级文化的理解较为肤浅

高中班主任虽然对建设班级文化具有高度的共识，但在实践活动中并没有表现出与这种共识相对应的深刻理解。首先，对班级文化的理解止于概念的表面意思。一些班主任认为班级文化就是物质文化、精神文化和制度文化的总和，把它静态化，同时把班级文化看作一种管理方式。如此理解，使得班主任把班级文化当作外在于学生活动的背景因素，认为它是约束、管理学生的手段；使班级文化建设中师生的创造性体验丧失殆尽，只剩下刻板、僵化的教条和固执的偏见；使本应具有朝气、富于冒险、乐于求知的学生失去了锐气，厌倦了学校生活。当班主任把班级文化看作形成良好班级秩序的时候，虽然能够实现管理的职能，但是消解了许多内容的教育价值。在静止、秩序平静的班级当中，我们无法开发蕴含在班级互动之中的宝贵资源。健康的班级文化的意义绝不限于班级中的秩序，它是富于激励的学习资源，是通向和谐发展的绿色通道。其次，对班级文化的形成过程认识不足。有些班主任简单地把班级文化建设过程理解为布置班级环境，而且环境一旦布置完成，往往就置之不顾了。

这种班级文化是给定的、外在的内容。对于外部强加的内容，我们不能把它称为班级文化，因而它不具有文化的威力，其对学生发展的影响是微弱的，难以达到理想效果。当我们深入班级内部时就会看到，班级文化基本上是班主任根据自己的文化取向或者偏好和需求自上而下推行的，尽管一些班主任在这一过程中也想办法让学生参与进来，但这只是形式而已。其实，班级文化的形成不仅是环境的布置、规范的建立、知识形态的积淀和教师一厢情愿的主导，它还是师生的一种生活方式或是师生共同创造出来的生活方式。因而班级文化的真正力量就在于它是班主任和学生在日常管理活动中通过碰撞、协商而生成的文化。班级由一群年龄相近、学习水平相近的学生及班主任组成，他们会经常共同面对一些问题，并出现一定的反应，这将促使他们彼此间产生较多的交流和互动，从而形成他们自己的文化，这种文化包括对自身的理解、对所采取行为的定义以及对其他成员的看法。

（二）班级文化建设目标定位存在偏差

班级文化建设需要有清晰的目标定位，从组织层面来讲，班级文化建设要追求班级文化的和谐，呈现良好的班级形象；从主体的层面来讲，班级文化建设要指向参与主体生存状态的改变，尤其是师生的发展与成长。在现实工作中，一些班主任对班级文化建设目标的定位存在一些问题，主要体现为"规范说"和"成绩说"两种情况。持"规范说"的班主任认为，班级文化建设的目标在于对学生进行规范。他们往往过于关注纪律因素，热衷于建立各种制度和规范，强调规训、管制、控制和服从，从而导致班级文化的活力和个性难以彰显。持"成绩说"的班主任认为，班级文化建设的目标在于学生学习成绩的提高。他们通常会将学习成绩作为评定学生的手段和确认自己工作成就的标准，却对学生的个人兴趣和特点弃之不顾，热衷于按照学生考试成绩来进行班级文化的塑造。还有一些班主任会将以上两种看法结合起来，强调管理是保持和提高成绩的基础，认为严格的管理才能出成绩。

（三）班级文化建设内容过于单一

首先，一些班主任对学生文化视而不见。学生是校园中的一个主要群体，由于学生身心发展的特定需要，他们会在相互作用中形成自己独有的文化，构成学校文化或班级文化中一种相对独特的文化形态。但有些班主任在构思班级文化建设时，常常把学生视为等待加工、改造、调整的材料，而忽视了作为群体的学生也有属于自己的文化。一些班主任在行为上常常把学生看作成人，而且总是认为学生应该处于接受教育的地位，或认为与成人相比，学生最明显的特征就是无知。因此，这些班主任并不发自内心地去了解学生的感受和需要，不关注和理解学生的情况，只是一味地把成人世界的知识、技能灌输到学生头脑中，使学生过一种"小大人"的生活。学生文化则被严重忽视或受到压抑，一些班主任经常采用"禁"和"防"的方法，通过规则、限制和惩罚手段，禁止和防范学生的某些表现和行为。其次，一些班主任对社会互动的漠视。班级文化的形成应该建立在多方互动基础上，即师生互动、生生互动、师生与学校互动、班主任或学生与自我的互动。通过社会互动，班级成员之间可以增进、认同，推动班级文化的稳定发展。但由于一些班主任忽视班级中多边的社会互动，从而导致师生之间、生生之间产生不必要的误解或反感，进而缺乏"协同"。

（四）对班级文化建设制约因素认识不足

班级文化建设不是将班级孤立出来进行建设，而是在已有的条件和环境制约下进行建设。在对班级文化制约因素的认识方面，一些班主任还存在一些认识不到位的情况。第一，对班级外部因素认识不足。由于与班级接触比较频繁，再加上对班级内部因素的熟知程度较高而对班级外部的因素认识有限，一些班主任在一定程度上容易忽略影响班级文化建设的外部因素。第二，对隐性因素认识不足。在这里，显性和隐性是针对影响班级文化建设的因素而言的。在班级文化建设中，师生的校服、校徽、个人行为、学校仪式和班级班队活动等影响因素是看得见、摸得着的显性因素，容易受到教师的关注和重视；而学生亚文化、校长的理念、师生的心理状态和人际关系等隐性因素则容易受到忽略。第三，对间接因素认识不足。直接与间接的区分是针对班级文化建设发挥作用的方式而言的。直接因素往往会对班级文化建设带来直接影响，不需要通过中介因素，因此这些直接因素会受到班主任的正视；相反，通过中介形式对班级文化建设进行间接影响的因素通常难以进入一些班主任的视野中。

（五）班级文化建设理论意识缺失

一些班主任在建设班级文化时，往往仅凭借教育习俗、个人经验采取行动，而缺乏运用相关理论指导自己行动的自觉性。由于班主任平时工作较忙，无暇阅读有关班级文化建设的理论书籍，且教育培训机构也缺乏相应的班主任培训项目，致使一些班主任进行班级文化建设时，不知道该到哪里去寻求理性支持，只好退而求其次地凭借教育习俗来指导自己的行动。所谓教育习俗，是指"由广大劳动人民在长期的教育活动中所创造、传承和享用的教育方式、手段、制度、谚语、故事、诗歌、仪式等的集合体，是绵延不绝的民间教育智慧"，但教育习俗并非都是正确的，其中不乏一些糟粕，因而，班主任利用教育习俗指导自己的教育活动，可能会陷入肤浅、片面、忽视学生主体作用的泥淖。还有些班主任在建设班级文化时，盲目地移植其他教师的经验或固执地采用自身的不成熟的经验，出现跟着感觉走的非理性行为。由于一些班主任在班级文化建设中缺乏运用相关理论指导自身活动的意识，他们的活动往往是自发性的，使得班级文化建设缺乏连续性，出现波动性，甚至出现朝令夕改的现象。

（六）规范的班级管理制度的缺乏

班级规章制度分为成文的制度和非成文的制度两种。成文的规章制度包括学校制定的各种规章制度和班级制定的规章制度等。这些成文的规章制度既能保障集体共同目标的实现，也能使个体得到发展。但值得注意的是，班主任过分强调通过成文的规章制度约束学生的思想和行为，就会使得班级建设规范有余而活力不足。班级中非成文的制度是班级中约定俗成的道德行为规范的总和。班级制度建设是学生适应集体生活、进行自我管理的重要手段。一些学生认为学校及班级的规章制度并非由自己参与制定，制度的变更也不会根据自己的要求而做出相应变化，导致班级制度形同虚设，剥夺了学生进行自我管理的机会，从而制约了班级制度文化建设。

二、班级文化建设的问题原因

（一）社会方面的原因

随着我国社会主义市场经济体制的改革，社会经济成分、组织形式、就业方式、利益关系和分配方式日益多样化，在有利于学生树立自强意识、创新意识、成才意识和创业意识的同时，也带来了不容忽视的负面影响，一些学生不同程度地存在政治信仰迷茫、理想信念模糊、价值取向扭曲、诚信意识淡薄、社会责任感缺乏、团结协作观念较差等问题，这些都对班级文化建设造成了极大影响。

（二）家庭方面的原因

家庭是社会最基本的组成部分。人一生下来，首先接受的便是家庭教育。可以说，家庭是人生的第一所学校。在家庭因素中，对人产生影响和作用最大的是父母，父母是孩子人生的第一位老师。父母的个性特征、作风习惯、兴趣爱好、文化素养、道德水准等，都在潜移默化中影响着子女。实践证明，家庭教育方式不同，子女成长方式不同。家庭教育、家庭氛围、家庭作风尤其是家长作风，家长的人生观、世界观、价值观都极大地影响着子女，并会把这种影响延伸到社会和学校，延伸到班级中，从而对班级文化建设产生影响。

（三）学校方面的原因

学校因素对班级文化建设的影响主要体现在学校的各级组织和制度上。班级文化的形成需要一定的组织制度作为保障。这一组织制度并非由班级学生自己制定的，它必须是学校认可并推广实施的制度。学校的办学思想、管理水平、教育理念无一不对班级文化建设产生巨大的影响。同时，校园文化是所有班级文化生成发展的大环境和源泉，班级文化通过何种活动方式形成和呈现，受校园文化的影响和制约。当前许多学校虽然已经建立了一些促进班级文化建设的组织制度，但实践证明，这些制度较为笼统，浮于形式，针对性和实效性不强。

（四）学生方面的原因

当代学生大多数是独生子女，他们从小生长在以自己为中心的家庭环境中，大部分人往往表现出以下特征：个性张扬，做事考虑问题容易以自我为中心，本位主义严重，韧性差，挫折感强，团队协作精神差。他们进入学校后，在与他人的交往中，往往自以为是，唯我独尊，容易形成人际冲突，这往往会给他们带来较大的挫折感，容易造成人际关系紧张，对他人没有信任感，缺乏集体归属感和认同感，久而久之将使他们渐渐远离集体。

第三节　高中班级文化建设工作开展创新策略研究

一、高中班级文化建设创新构想

习近平总书记在党的十九大报告中指出，要培育和践行社会主义核心价值观。班级文化不仅可以引导学生树立正确的人生观和价值观，引导他们形成道德意识，同时能在班级中让学生产生向心力、凝聚力，激发学生的学习兴趣，使学生对生活充满美好的向往。

班级作为学生获取知识的主要场所，是学校进行教学管理活动的最基层单位，是促进学生全面发展的重要载体，高中教育大众化和当今社会的巨大变革，给各个学校带来了诸多深刻的变化，也给学校的班级建设工作带来了巨大的挑战，所以，探索和寻找新的班级建设和管理方式方法已经成了当务之急。结合"00后"学生的特质，通过班委队伍建设促进班级文化建设，并采取目标化管理班级建设，能在班级文化建设方面有所创新。

一般来说，班级文化主要指班级内部形成的具有一定特色的思想观念和行为规范的总和，是一个班级内在素质和外在形象的集中体现。

班级文化的主要内容是班级形象、班级精神、班级凝聚力、班级目标、班级制度、团队意识、班级文化活动等。班级文化的核心是班级精神和价值取向。笔者以高中为例，具体研究、具体分析，在明确了建设内容和目标之后，分析了当下有哪些因素制约着班级文化的建设。笔者认为，主要有以下三点。

第一，人们都说学校是个小社会，这就体现了学校文化的特殊性，也正是这种特殊性，决定了学校容易受到社会各种不良文化的影响，给班级文化建设带来巨大的冲击。在这个物欲横流的时代，各种充斥网络的快餐文化、各种导向性不明甚至扭曲事实真相的信息，各种各样低俗、暴力的字眼，对学校产生了巨大的冲击，于是，各种校园暴力的时有发生，"官二代""富二代""房二代"的纷纷登场，甚至一些社会上漠视生命的个案，都在拷问着学生不健全的心智和未成熟的心理。一些学生是非不辨，善恶不分，只是觉得好玩，或是追名，或是逐利，浑然不觉自己的身份和应该肩负的社会责任。一些学生在校期间不思进取，精神极度空虚，要么寄情于虚拟世界，整日沉迷网络，专业文化知识一窍不通，缺乏必要的谋生技能，面对高考的压力和社会的竞争，往往产生各种心理问题；要么整日逃离高中课堂，在网吧打游戏，却美其名曰"条条大路通罗马"——自己提前达到读书的最终目标。殊不知连学生身份应该从事的本职工作都没有做好的自己，已经败在了人生的起跑线上。

第二，高中班级文化建设的重点是班委队伍的建设，在长期的学生工作中，我们不难发现一些比较优秀的班级、团支部，它们往往都是团结进取、有凝聚力的班委队伍。然而，大多数班委队伍的建设存在各种难题，或是责任感不强，或是凝聚力不够，又或是自己就不能以身作则起到模范带头作用。在班委建设上主要存在以下三个问题：一是班级学生对于班委信任度不高，班委起不到模范带头作用，班委对学生的影响力不够。二是班委的凝聚力不强，能力有待提高。三是一些学生对班委工作表现出较低的关注度。一些学生只是偶尔才会去了解一下班委的工作情况，又或者跟自己有关的事情才会去关注，班级归属感不强。比如，学习好的学生只对奖学金的评比关心，贫困生只对学生资助相关工作关心，经常逃课的学生对副班长的考勤工作关心，其他学生只对班上什么时候组织外出活动关心，而对其他繁杂的班级日常工作漠不关心，导致班委做了大量的工作而得不到同学的认可，很多同学觉得班委整天无所事事，班级存在的一些问题长期得不到解决，把责任归咎于班委不作为。另一方面，在班委的竞选方面也存在一些客观的问题，比如，真正想为班级做事的学生，又怕工作量大影响自己的学业和生活，或者怕工作中得罪其他同学，影响自己的人际关系，所以只有很少一部分学生愿意竞选副班长，大多数同学都更倾向于竞选班长、团支书这样的职位。有些同学往往通过自己的人际关系在竞选中以高额选票当选，但在日后的工作中却毫无作为，碰见事情就推卸责任，甚至自己就带头违纪，也给班委队伍建设带来了不良影响。

第三，学生群体带有鲜明的时代特征，当今在校的高中生一般都是"00"后，有着自己独特的时代属性，随着我国改革开放的深入以及社会的发展，很多学生成长的家庭环境都比较优越，自然而然地就养成了他们的优越感，而当今社会是市场经济、信息爆炸、明星偶像等各种新生事物层出不穷的时代，因而有更开阔的视野，但也面临着更多的机会和诱惑。他们在学习、人际交往、爱情等方面都有着自己特有的处理方式，但都存在着种种缺陷。那么，面对这么一群学生组成的班级，我们应该如何来进行班级内涵建设呢？用过去的老方法，肯定是不行了，得到的只能是事倍功半的效果。

通过一些随机抽取进行的问卷访谈，比如："在高中学习生活中你希望收获的是什么？""高中期间你觉得最重要的是什么？"多数回答不外乎有以下五种：一是考上理想大学；二是认识了很多好朋友；三是参加丰富多彩的高中校园活动；四是在学校担任一些职务，锻炼自己的能力。从这些访谈中我们不难看出，其实大多数学生都非常向往美好的高中生活，希望身处一个团结和谐的班集体，既有积极向上的学习氛围，又有丰富多彩的课余生活。那么，如何建设班级文化，为学生提供理想的高中生活而共同努力呢？

首先，建立一支具有凝聚力的班委团队是重中之重，这里我们可引入以团队精神为核心的诺斯曼理论说明。库尔特·诺斯曼是德裔美国企业家、心理学家，1923年出生于德国普鲁士，在柏林上完中、大学，毕业后成为弗赖堡大学教师。1964年，他离开学校，成立公司。诺斯曼将自己十多年教学管理经验运用于公司人事管理上，并形成了系统理论——诺斯曼理论，被世界很多企业公司沿用，被称作"成功之阶梯"。诺斯曼理论对现代心理学，特别是团队心理学在理论与实践上都有巨大的贡献。诺斯曼在意志动机方面进行了大量的研究，弥补了格式塔心理学在情绪与意志方面研究的不足，并对团队志愿水平问题进行了深入的实验研究。这些研究证明，人们在团队活动中成功或失败的体验在很大程度上取决于人的志愿水平。同时，实验证明，具备团队精神引导下的民主作风会使工作效果比在专制或放任的作风中都要好。

诺斯曼团队建设理论主要分三大体系：一是全面实施表层形态的团队建设，重点提出了团队从理念到行为再到视觉形成规范化的团队表象体系，在精神风貌、沟通交流、工作流程等方面予以贯彻，实现团队精神的个性化特征表现。二是扩展优化中层形态的团队建设。坚持用制度管人作为团队管理的基本方式，提倡团队精神与团队管理的共同发展，主要从奖惩制度建设、行为制度建设、工作程序制度建设等方面，全面优化团队建设体系。三是深入健全核心形态的团队建设。始终把团队精神作为团队的战略目标，以人为本，充分诠释团结、奋进的基本内涵，使全体成员及团队受众提高对团队的认识，并最终实现从"冷淡"到"积极"、从"被动"

到"主动"的转变。

诺斯曼理论是一个庞大的管理理论体系，主要运用于公司企业的运作工程中，现在要把其运用到教育管理中，我们还需要择其精髓，变通其法，根据班级当前状况，牢牢把握团队发展核心，逐步开展团队协作共进工作，以凝聚全班同学为目标，不断完善班级各项规章制度，争取把每一位同学都凝聚到班集体建设当中。具体来说需要做到以下四点。

第一，要明确每个班级的班委建设的团队精神所在，其核心是团结合作，提高全体班委的向心力、凝聚力，并集中反映全班同学个体利益和整体利益的统一。班委团队精神的形成并不要求团队成员牺牲自我，相反，挥洒个性、表现特长成为班委共同完成任务目标的保证。这也更加要求全体班委成员要有良好的沟通能力，相互信任，并能优势互补，协同合作。

第二，在班委日常工作中全面贯彻团队精神。首先，全体班委应树立共同的目标，具体包括卫生达标率、考勤率、学习成绩合格率、文体活动参与率等。其次，全体班委要经常进行沟通交流，其中既要有横向的沟通，也要有纵向的沟通，同时必须保证沟通的平等性和双向性。最后，定期召开班委会，一般分三个内容：前期工作小结、后期工作计划、辅导员给予一定指正及相关培训。

第三，逐步健全班委规章制度。首先，在班委成立之初，可让班委自主行事，在日常工作中使个性得以发挥，再根据班委特点，制定并完善各项规章制度，包括打扫卫生制度、到课制度、课堂纪律制度、宿舍管理制度、班委行事准则等。其次，在班委工作进入稳定阶段后，实行竞争制度，工作表现好的，给予认可、表扬与奖励，表现不好的，给予提示、批评与纠正。

第四，全体班委都要以团队精神为行为准绳，鼓舞并带动全班同学积极参与到班集体建设当中来。首先，班委要关心每一位同学的成长，一起规划自己的高中生涯，制订每个阶段切实可行的目标，并为之一起奋斗。其次，积极组织各项以班级为单位的文体活动，重视团课开展，以调动每个同学积极性为目标，以班委和学生个体相结合的方式共同策划，倡导团结和谐，宣扬互助互爱。在引入诺斯曼理论建设班委队伍的同时，我们必须正视学生的时代性特征及其性格上、情感上、为人处世上的独特性质。任何一个时代的青年特点，都是社会、家庭、学校、个人等各种因素共同作用的结果。我们不能过多地去否定种种我们看不惯的行为或性格特点，我们应当承认他们身上存在的共同的个性特点，并试着从他们的角度去理解他们的行为方式，进而产生"同理心"，只有这样，才能更好地将同学团结在班委周围，也能在工作上目标更加明确，处理问题更有针对性，方式、方法也更加人性化。

再次，要结合当前班级的实际情况，根据学生的实际需求决定不同的建设重点，比如，高一的学生，应当注重个人适应能力的培养，重点在于使同学们尽快地彼此认识、相互了解，并适应高中的学习生活，掌握高中的学习方法。高二的学生更加适合在各个学科开拓新的知识。而针对高三学生，应该更注重高考题型训练，考虑自己未来专业的选择，为考上自己理想的学校而奋斗。

最后，在明确班级阶段性建设重点之后，我们应该对高中阶段的班级文化建设进行目标化管理，在班级实施目标管理时，可遵循"PDCA"循环管理模式，即遵循计划（Plan）、实施（Do）、检查（Check）、处置（Action）的循环管理模式，分四个步骤通过连续不断地实施以快速有效地实现目标。结合实际，将班级文化建设落到实处，做到有计划，有方法，有实施，有总结。

高中班级文化建设是学风建设、各项管理工作的基础，是学生全面发展、承担历史使命、肩负社会责任的保障。面临的问题各种各样，解决的方式各有特色，高中班主任应积极交流探讨更好的方法，将班级文化建设工作做好，为学生成才创造更好的软环境。

二、建设小组文化，创新班级管理

班级文化是校园文化的重要组成部分，将社会主义核心价值观融入班级文化建设中，可以有效地推动学校的可持续发展。学校是学生最直接的社会环境，它影响着学生的理智、情感、个性和社会化进程，它是满足学生交往和归属的"情感家园"，是学生迈向社会的"演习场"，也是班主任开展工作的主阵地。班主任是班集体建设的组织者、管理者，创建和管理好班级是班主任的职责和首要任务，班级管理体制的好与坏对能否形成文明、健康的优秀的班级文化有着直接的关系，班级管理工作的成败影响着学生的健康成长。在全社会注重文化建设的大潮下，学校也掀起了班级文化建设的热潮。在班主任管理这一块，如何糅进文化元素，形成独特的文化特色，产生更有效的管理和教育呢？

（一）组建小组

组成小组人员的人数，一般定在4－6人比较合适，同时把全班的男女生进行合理调配。另外，考虑到小组间竞争力的平衡，每个小组都应有优秀生、中层生、学困生的搭配，这样的搭配也有利于小组内组员间的帮扶，实现全面提高。对于个别调皮的学生，要把他们放在沟通能力较强或能以柔克刚的组长所在的小组，这样才比较稳定和易于他们转化。小组长的人选是小组组建的关键，为了保证旗开得胜，第一批组长一定要是班中能力最强、表现最积极的学生。而后面每一批组长则可在上一任组长的帮带下成为优秀的组长。

在确定了小组人员后，为了增强小组的凝聚力、战斗力，各小组可讨论确定有个性化的组名、小组目标、口号，以及设计小组名片等，并把图文并茂的设计名片张贴在班级的墙报上，成为一面面鲜活的"组旗"。

（二）培养优秀组长队伍

组长是小组文化的核心力量，是各项活动的领导者、管理者和服务者。对于组长的培养，本身就是培优的过程，因为在他们各方面能力、素质提高的时候，就是他们成为优生的时候。先让一部分人优秀起来，再带动、帮助其他同学优秀起来，符合人的培养、发展规律。在培养当代学生成为有理想、有道德、有纪律、有文化的"四有"青少年的基础上，更要突出培养组长的自信心、进取精神、责任意识、团队意识、服务意识、公平意识、正义感等，突出培养组长的各项能力。具体应当做到以下几点：首先，班主任要善于挖掘组长身上的闪光点，在班会上表扬，提高组长在同学心目中的地位，树立威信。其次，班主任应定期召开组长会议，及时进行思想工作和工作方法的指导，要求组长以身作则、敢管、会管。"以身作则"是严格要求自己，起带头作用，小组长要做到"其身正，其令必行"。"敢管"就是有较强的责任感、正义感，对错误行为敢于批评，使其纠正。"会管"就是要采用科学的管理方法，讲究策略，要在尊重同学、团结同学、帮助同学进步的原则下管理。再次，通过活动来培养组长。如在校运会前，各小组争夺参赛名额；比比哪组出的点子好，能搞好班级方队的出场仪式；各小组承担各项任务，如啦啦队、通信稿的检查和传送、纪律管理、考勤登记、饮用水的运送、运动员的安全保护、卫生保洁等。组长在活动中起带头、组织作用，能力将得到磨炼。只有放手让组长去做，并及时给予指导，他们才能在亲身体验中获得提升。最后，由学生培训学生。由能力强的班长或组长传、帮、带能力较弱的组长。学生之间的沟通是同龄人之间的沟通，更有亲近感，更易于接受。比如，在小组阶段总结会前，让班长收集各组长的总结报告，逐一检查。发现有不符合要求的应当重写，并说明该怎样写、该怎样点评组员的言行。对于组长本人犯的错误，班长则要求组长在总结会上做自我批评。对在小组总结会上发言不够大胆的组长，班长在会后私底下进行鼓励，令其树立自信心。

（三）促进小组间的竞争

有竞争才有活力，有竞争才能促进发展。为了让各小组间进行竞争，可围绕学校的教育教学任务，如文明班的评比、成绩的竞争，进行全班的大讨论，最后制定以考勤、仪容仪表、集会、纪律、作业、"两操"（课间操和眼保健操）、文明行为、唱队歌、卫生值日、成绩加分等为规则的"班级小组竞赛行为细则评价表"，由学习部、纪检部、体育部、生活部、宣传部各部长分别负责各项目的检查、监督、评分工作，2—3周做一次阶段性统计、评比、总结。为保证竞争健康发展，要求各部长本着公平、公正、公开的原则进行评分，并由班长、副班长、团支书组成复核小组，对有争议的问题进行核实。除了评价表里面的竞争，根据需要有时还要把一些活动放到评价表里去。比如，为了提高体育考试中的跳绳成绩，可利用活动课时间，举行以小组为单位的跳绳比赛，为成绩优秀小组和进步小组加分，列入评价表的加分项目。

苏霍姆林斯基说："道德准则只有当它们被学生自己去追求、获得和亲身体验过的时候，只有当它们变成学生独立的个人信念的时候，才能真正成为学生的精神财富。"这说明道德教育必须通过受教育者的内心转化，而非教育者苦口婆心的说教才能达到实效。对学生的教育管理是一项系统复杂的工作，它要求班主任重视班级文化建设，使班级的物质财富和精神财富都具有教育功能，让学生在这一氛围中自己去体验和领悟，自我对照，自我反思，自觉遵守道德规范、班级公约，收到"润物细无声""此时无声胜有声"的教育效果。

（四）做精、做细阶段性总结

以每2—3周为一阶段的小组总结会，是对每个组员、每个小组、每项工作的大检查，是表扬和批评的会议，是小组文化的评价环节。只有做好总结会，才会对阶段工作进行客观的、促进性的评价，才会对学生的最近发展产生积极的教育作用，也将为下一阶段小组文化的开展提供精神动力和方向指导，所以总结会有承上启下的作用。

先是总结会的准备工作。由学生对评价表进行统计，班长检查、指导组长的总结报告。组长的总结报告是总结会的关键，要对组员的思想表现和具体言行进行表扬或批评，一定要做到有理有据、实事求是，既要对错误行为敢于批评，以集体利益为重，又要尊重同学、团结同学，体现团队精神。班长要对最后一名小组准备表演节目进行督促、检查、指导，尽量提高节目的质量。

总结会由班长主持，程序一般包括合唱班歌、小组评比结果公布、各组长做总结报告、班长做报告、班主任为冠军小组颁奖、最后一名小组表演节目、班主任讲话。总结会是学生期待的收获大餐，有的期待自己的良好行为被表扬，有的担心自己的错误行为被批评，它牵动着每一名学生的心，是鞭策落后、激励先进的思想教育活动。而文艺节目表演和观赏，丰富了班级文化的内容。

三、高中班级文化建设创新实践策略

在进行班级文化建设的过程中，教师要通过班级文化建设贯彻社会主义核心价值观，使学生牢固树立爱社会、爱家庭、爱父母、爱师长的意识，使其成为有益于社会的好公民。同时，培养中学生具有自由精神是使其具有人的意志自由、存在和发展的自由，是人类社会的美好向往，也是马克思主义追求的社会价值目标。

班级文化建设是班级建设和班级管理的重要组成部分。加强班级文化建设在营造学习氛围、加强班级管理、培养学生良好的习惯和能力等方面起着至关重要的作用。

班级文化建设是一项长期复杂的工作，需要班主任和全班同学全身心地投入去做，只有这样才能做好，才能潜移默化地影响全体学生的行为，使学生全面、健康地发展，使班级不断地进步。

（一）班级文化建设要坚持以人为本，凸显时代精神

学校最重要的任务是教书育人，培养具有崇高理想和适应时代发展的人才。班级是学生在学校接触最多的集体。有一个良好的班级文化氛围，对学生的思想品德教育和发展有着重要的意义。例如，确定的班级口号、班风、班训等要富有特色，努力营造健康向上、富有成长气息的班级文化氛围。落实到具体行动中，即能培养班级的凝聚力和集体荣誉感，而且要体现出富强、民主、文明、和谐、自由、平等、公正、法治、爱国、敬业、诚信、友善的社会主义核心价值观。同时，班级文化建设要使学生自觉地遵纪守法，依法维护自身权益，具有良好的道德品质和健康的心理素质；热爱科学，勤奋学习，勇于创造，大胆实践，具有良好的学习习惯和安全意识。

（二）班级文化建设要与班级管理接轨

良好班级文化的形成与有效的管理制度以及精细化的管理是息息相关的。许多高中生处于"青春叛逆期"，他们常常自认为已经长大，对条条框框的限制约束表示很反感，因而在思想上有很多的麻痹松懈。所以，我们要在学期伊始之际，建立健全的班级制度，包括班级公约、奖惩制度、值日生制度等，以此约束学生的言行。召开主题班会，让学生交流体会遵规守纪的重要性，从思想上给学生以深刻的认识。在实际工作中，狠抓日常学习生活中不守纪律的现象，如课上睡觉、旷课迟到、打架骂人、不做作业、顶撞教师等行为，让学生"换位"思考，并积极教育引导他们，让他们在反省中受教育，培养自己良好的行为习惯。例如，针对中学生的思想偏激、情绪多变的特点，教师要及时发现存在的问题，同学生交流谈心，解决问题。同时要多观察、多调查，抓住事情的苗头防微杜渐，防患于未然，以良好的班级管理制度促进班级文化建设的开展。

（三）班级文化建设要服务于学生的知识和能力发展

学习是学生的基本活动之一，引导学生学习知识和培养学生的能力素质是学校教育的根本目标之一。现在，人们就教育的目标已基本达成共识，认为社会需要的是知识和能力并重，文理兼顾，掌握各种知识，有较强能力、有良好的学习精神的学生。因此，班级文化建设要服务于学生的知识和能力发展。对学生进行必要的"学习教育"，督促学生知识和能力并进，营造浓郁的勤学苦练的学习氛围，不断提高学生适应未来、适应社会的能力。例如，建立班级图书角，努力扩大班级藏书量，调动每一位学生的读书积极性，让全体学生"增长知识，享受阅读"。陶行知先生曾经说过，"让学生走上创造之路，手脑并用，劳力上劳心，这需要六大解放：一解放眼睛，二解放双手，三解放头脑，四解放嘴，五解放空间，六解放时间。"这就要求班级文化建设要为学生能力发展提供和创造有利的条件和氛围。

（四）班级文化建设要符合人们的审美观，培养师生的审美意识

班级文化建设要以师生的情感为基石，以外在的形象趣味性为基本特征框架，以培养学生的审美观为目标。苏霍姆林斯基曾说："学校教育的理想是培养全面和谐发展的人，培养社会进步的积极参与者。全面和谐的发展，意味着劳动与人在各类活动中的丰富精神的统一，意味着人在品行

上以及与他人相互关系上的道德纯洁，意味着体魄的完美、审美需求和趣味的丰富以及社会兴趣和个人兴趣的多样。能力与需求的协调赋予人充实的精神生活，可以使他体会和感受其中的幸福。"每次班级开展文化活动时，都要加强教育，如学生在日常生活中的衣着打扮的引导、教室和宿舍环境的美化、个人风采的展示、班会课的演讲等都会影响师生的感官和心理。所以，在班级文化建设中，要以树立科学的审美观念、增强审美感受和创造力、形成适合学生心理结构、最终使他们实现人格的自我完善为目标。此外，组织学生到食堂就餐、参加文艺会演等集体活动时，也都能发挥班级文化特有的审美功能，促进学生的身心协调和全面地发展。同时，要注意学生的服饰和装扮，要引导学生与班级文化、年龄、性别、时代特色相适应。

总之，班级文化是一个多因素的综合体，班级文化建设也是一个长期复杂的工作，更是一项历久弥新的工作。我们不仅要注重学生的德育教育，也要注重学生知识和能力的发展，把他们培养成时代所需要的新人才，更要加强班级文化建设与班级管理的衔接，以班级文化来提升班级管理的艺术，以此提升班级师生的审美水平，让班级文化建设如鱼得水，给班级发展抹上最亮丽的一笔。

四、高中班级文化创新途径

（一）正确定位班级文化建设的目标与内容

班主任对班级文化建设的认识程度决定了班级文化可能达到的高度。在班级文化建设中，班主任要发挥自身的核心力量，必须对认识的对象有清晰的把握。这种清晰的把握是与对班级文化建设的正确定位分不开的，它主要体现在目标和内容的确定上。在目标方面，班主任必须始终具备这样的自觉意识，即班级文化建设是以促进学生个体生命的主动健康发展为最终目标的。尽管班级文化是一种组织文化，但是打造具备良好文化的班级组织只是实现学生个体发展的手段。班级文化对于班级内的每个生命体而言，应该是一个促进个体社会化的资源库和实现个体个性化的培育室。在班级文化建设目标的认识和定位上，班主任必须明白：组织层面的目标同样是以主体层面的目标为宗旨的。在内容方面，班主任要注重班级文化建设的多维性。所谓多维性，一是指班级文化并不是某种单一主体的文化，而是融合了成人文化与儿童文化、同伴文化与代际文化、主流文化与亚文化等多种形式的文化；二是指班级文化不是单一层面的文化，而是包含物质、制度、精神、行为等多个层面的文化。因而，在班级文化建设的内容上，必须注重体现多主体的文化样态。

（二）帮助学生形成正确的班级文化观念

确立观念体系，是班级文化建设的核心。因为班级学生的言行都是在其思想观念的支配下产生的，因此，在班级文化的建设中必须首先抓好观念文化的建设。首先，有目的、有计划地按照教育方针和学校培养目标，设计思想教育的活动体系。目标明确，有针对性的思想教育活动，可以引导学生确立正确的人生观、价值观和道德观，培养学生的集体意识、集体荣誉感和责任感，为班级文化的发展打下良好的思想基础。一个班级的学生只有具备共同的思想意识、价值取向，正确的人生观、价值观和道德观，才能更好地理解班级的奋斗目标，积极参与班级的活动，自觉维护集体的利益。班级可以通过经常开展主题班会或团队会，或者多种形式的座谈会，引导学生就一些大家共同关心的问题展开讨论，明辨是非，统一认识，从而达到提高思想认识的目的。也可以就学生存在的某些问题或一些社会热点问题组织讨论，但必须注意应根据学生的年龄特点和心理特点来设计，使得教育活动更加具有针对性，也有助于强化教育的效果。其次，要注意教育活动的整体性，使其系列化。引导学生确立正确的观念，不能只重视某一方面，而是要注重其全面性和整体性。所谓全面性，是指要帮助学生树立正确的观念体系，而不是仅仅树立某一方面的正确观念。所谓整体性，是指设计教育活动应考虑其系统性，注意整体规划，根据学生的年龄特点和年级特点，逐渐加深和扩展。对于学生来说，观念的形成需要一个理解和深化的过程，只有通过有计划、有步骤地引导，学生才能逐步树立正确的观念，并将其自觉落实到行动上。

（三）建立健全班级规章制度，形成正确的舆论环境

制度文化对班级学生规范功能的发挥取决于班级制度的健全与否，以及班级是否拥有有利于制度文化发挥作用的舆论环境。首先，建立健全班级规章制度。规章制度是班级科学管理的必要前提。孟子曰："不以规矩，不能成方圆。"班级的规章制度为学生提供了参与班级活动及处理班级事务的规范，也为学生提供了基本行为的模式，使学生有章可循、有据可依。这些制度还为学生提供了评价自己和评价他人言行的标准。班级规章制度主要包括学习制度、卫生轮值制度、考勤登记制度、奖优制度、批评制度、民主议事制度等。班主任要不断地完善制度，确保制度的落实。其

次，把执行制度和教育引导有机结合起来，形成有利于制度落实的舆论环境。制度文化规范功能的发挥程度有赖于班级学生对规章制度的认同和内化，如果规章制度不被学生所认同，那么规章制度就等于是一纸空文，根本谈不上发挥规范功能。班主任要通过教育，引导学生开展讨论座谈，明确建立规章制度的意义和执行规章制度的必要性，形成"依法治班"的舆论氛围。这样，规章制度的执行就会由强制性行为或自发性行为逐步转变为自觉的行为。

（四）引导班级学生正确交往，形成良好的人际关系

班级学生的交往，以及由此形成的人际关系和相应的心理氛围，对班级文化的形成和发展及学生个体的成长都有深刻的影响。首先，引导学生正确交往，学会协调人际关系。教育学生学会处理同学之间、师生之间、个人与集体之间的关系，使学生掌握处理这些关系的基本准则，使班级形成良好的道德环境。也就是要求学生学会真诚待人、互相帮助、互相支持、团结协作，树立集体主义精神，处理好竞争与合作的关系。在班级形成关心同学，为同学的进步而自豪，"人人为集体，集体为人人"的氛围。这样才有利于学生发现人性中美好的一面，使学生向往美好的人生，对其良好道德情操的培养具有重要的意义。其次，培养学生共同的心理倾向和良好的心理素质，形成良好的心理环境。共同的心理倾向和良好的心理素质是班集体形成和发展的重要基础，也是班级精神文化的重要内容。共同的心理倾向有助于班级学生产生互相吸引、互相欣赏的亲和性情感，有助于班级亲密的人际关系的形成，能使学生之间更加信赖、互相理解、互相支持，从而产生强大的内聚力，使他们产生强烈的归属感和集体荣誉感，更大程度地认同班级的目标、规范，并能积极参与班级的活动，主动将自己融入集体中，按集体的要求规范自己的言行。因此，应该重视培养学生共同的兴趣爱好，同时注意培养学生良好的心理品质，教育学生学会自我认识、自我评价、自我控制和自我完善，从而使自己能够得到更好的发展。

（五）重视学生个体文化和群体文化的渗透与交融

首先，要重视班级学生个体文化对班级发展的重要作用。班级是由学生个体集合而成的，班级文化也可以说是在个体文化的基础上整合而成的。因此，班主任应该重视发展学生的个性，丰富学生的个体文化，并且注意促进个体文化与班级群体文化的有机融合，使个体通过吸取班级群体

文化的精华，发展和提高个体文化，构建有自己特色的个体文化模型。反过来通过班级个体文化的互相交流、互相渗透和互相融合，可为班级提供更多的文化营养，丰富和发展班级文化。为此，班主任可以通过组织各种丰富多彩的班级活动，为学生提供展现个性、展现才能的舞台，鼓励学生大胆地表现自我。另外，要注意创造一个比较宽松的成长环境，给学生一个自由的空间，允许个体文化中差异性的存在，避免压抑学生个体文化的发展，改变那种强调班级文化的共性，忽视或者压抑个体文化特性的状况，使班级文化的建设能够发展到更高的水平。其次，要重视班级教师文化对学生文化的影响，充分利用教师文化的定向和指导功能。教师文化也应该注意通过吸收学生文化来更新和发展自身文化，努力寻求教师文化与学生文化的"共鸣点"，更好地发挥教师文化对学生文化的影响力，有效地引导和教育学生。

（六）通过实践活动形成与完善班级文化

人是文化的产物，受制于与生俱来的文化，但这种受制于文化仅仅是相对的，因为人具有主观能动性，这种主观能动性在文化环境中表现为不断超越与创造。人通过具有主观能动性的实践活动反作用于文化，从而把文化作为实践的对象。关于文化与实践活动的关系可以概括为"文化是实践的历史积淀和对象化；文化又构成实践活动的内在机理和方式"。身处既定文化环境中的人总是通过实践活动来完善其所面对的文化。马克思曾从生产实践的角度分析了人的实践活动对文化的推动与完善，从而使文化发展具有了动态性特征。班级文化是人类文化的组成部分，其形成和发展同样依赖于人的实践活动。班级中的实践活动更多地表现为社会互动。班级活动本身就是一种寻求对话的实践活动，实际上就是信息交流的过程。从这种意义上讲，信息交流是班级活动的中心。班主任正是通过不断调节班级活动，激发学生主动参与，促进班级交流和互动，进而形成良好的班级文化的。

参考文献

[1] 曹生财. 班主任的好帮手: 班主任专业化发展研究 [M]. 兰州: 甘肃人民出版社, 2015.

[2] 杨雪瑶. 一只菜鸟的飞翔: 我这样做班主任 [M]. 苏州: 苏州大学出版社, 2018.

[3] 王红予. 班主任管理策略 [M]. 成都: 电子科技大学出版社, 2017.

[4] 赵敏主. 学校管理学 [M]. 广州: 广东高等教育出版社, 2017.

[5] 甘勇. 浅谈新课程改革背景下班主任管理工作中的问题及对策 [J]. 教学管理与教育研究, 2016 (8): 23-24.

[6] 郭芹, 张胜永. 新课程背景下班主任工作的问题与对策 [J]. 教学管理与教育研究, 2016 (16): 56-57.

[7] 李艳宇. 浅析班主任在班级管理中存在的问题及对策 [J]. 中外交流, 2019 (23): 93.

[8] 廖双军. 新课程改革背景下班主任管理工作的问题及对策研究 [J]. 中小企业管理与科技, 2014 (6): 235.

[9] 高英伟. 新课改背景下高中班主任管理模式的创新 [J]. 东西南北 (教育), 2019 (9): 125.

[10] 黄雪梅. 浅谈新课程改革背景下初中班主任管理工作中的问题及对策 [J]. 新教育时代 (教师版), 2017 (25).

[11] 周睿. 在新课改背景下对高中班主任工作的一些认识 [J]. 新教育时代电子杂志 (学生版), 2019 (28): 280.

[12] 黄国安. 高中班主任德育工作的必要性及工作思路探讨 [J]. 教学管理与教育研究, 2017 (13): 114-115.

[13] 刘英琦. 做研究型教师 问题·方法·实例 [M]. 广州: 广东教育出版社, 2013.

[14] 季建新. 高中班主任德育工作低效性的成因及其对策 [J]. 科普童话, 2020 (1): 37.

[15] 张启全. 高中班主任德育工作低效原因及对策 [J]. 中外交流,

2017（12）.

[16] 龙翼．高中班主任德育工作的低效原因与完善方法探索［J］．语文新读写，2020（10）：32＋34.

[17] 王正清．提升高中班主任德育工作实效性的五点建议［J］．考试与评价，2017（2）：83.

[18] 谢海鑫．高中班主任德育工作反思与建议［J］．新课程（中学版），2018（5）：275.

[19] 丁晓娟．探讨高中班主任工作德育的实效性问题［J］．课程教育研究，2019（5）：73.

[20] 于洪涛．高中班主任德育工作开展的有效建议［J］．好家长，2019（96）：82.

[21] 康志娟．高中班主任德育工作的创新策略［J］．甘肃教育，2019（21）：54.

[22] 文安扬．高中班主任德育工作创新策略研究［J］．读与写，2021（1）：265.

[23] 张跟善．高中班主任德育工作创新策略［J］．考试周刊，2018（78）：183.

[24] 赵平，徐静．高中班主任德育工作的创新策略［J］．考试与评价，2018（2）：99.

[25] 王兆英．班主任心理辅导［M］．长春：吉林大学出版社，2017.

[26] 王国香．班主任心理辅导实务［M］．长春：吉林人民出版社，2019.

[27] 朱海，申健强，袁章奎，等．中小学心理健康教育［M］．成都：西南交通大学出版社，2015.

[28] 魏万新．高中班主任心理辅导创新研究［J］．中国校外教育，2020（8）：38-39.

[29] 吴红海．关注学生心理健康 创新班主任工作模式［J］．课程教育研究，2017（31）：211-212.

[30] 周睿．在新课改背景下对高中班主任工作的一些认识［J］．新教育时代电子杂志（学生版），2019（28）：280.

[31] 谷茂恒，姜武成．高校体育教学评价体系的构建［M］．北京：航空工业出版社，2019.

[32] 段志忠，邹满丽，滕为兵．教育管理与学生心理健康［M］．长春：吉林人民出版社，2017.

[33] 卜中海．今天怎样当老师［M］．银川：宁夏人民教育出版社，2018.

[34] 王荔雯．移动互联网时代高校教育管理模式改革与实践研究［M］．北京：中国原子能出版社，2019.

[35] 李鹏飞．以人为本，充分发挥学生在高中班级中自主管理作用［J］．高考，2018（36）：142.

[36] 王瑞梅．基于以人为本加强高中班主任班级管理战略分析［J］．中学课程辅导（教学研究），2019（2）：168.

[37] 孙立兵，穆凯利．高中班级管理工作渗透人本理念的反思探索［J］．科普童话，2020（19）：173.

[38] 王云波．"以人为本"理念下的高中班主任管理工作艺术探究［J］．中学课程辅导（教学研究），2019（6）：101.

[39] 高广慧．以人为本理念下的高中班主任管理工作浅析［J］．神州，2018（16）：214.

[40] 李熙．互联网＋时代高校学生管理模式的转变及创新［M］．长春：东北师范大学出版社，2017.

[41] 李贵恒．以人为本，构建和谐班级［J］．中学课程辅导（教学研究），2014（1）：80.

[42] 魏晓莉．以人为本，构建和谐班级的策略研究［J］．金色年华（教学参考），2013（6）：19.

[43] 张连生，刘长销．校长与学校外部环境调适［M］．保定：河北大学出版社，2012.

[44] 王小英．家庭改变儿童 当代儿童家庭教育专题［M］．北京：教育科学出版社，2015.

[45] 吴重涵，王梅雾，张俊．家校合作理论、经验与行动［M］．南昌：江西教育出版社，2013.

[46] 王晓．和谐施教，以美育人［M］．北京：光明日报出版社，2017.

[47] 周成霞．关于初中班级管理中的家校合作策略的分析与研究［J］．教师，2019（21）：11－12.

[48] 马林花．初中阶段班主任班级管理的家校合作策略研究［J］．考试周刊，2019（91）：15＋17.

[49] 戴军．初中班主任管理与家长的沟通与合作研究［J］．好家长，2018（83）：96.

[50] 郑爱丽．新媒体环境下家校沟通策略研究［J］．魅力中国，2020

（32）：44－45.

［51］王云．新媒体环境下家校沟通策略研究［J］．新智慧，2019
（35）：110.

［52］李承丽．试论"新媒体"时代背景下家校合作机制［J］．教育观察
（上半月），2019（3）：66.

［53］旦知草．浅谈新课程改革下的班级管理［J］．新课程（下），2018
（3）：261.

［54］任俊奇．新课改下班主任班级管理艺术的变通［J］．科普童话，
2019（4）：99.

［55］王晓明．新课改对班主任开展工作的要求［J］．教师博览（科研
版），2015（12）：75－76.

［56］张述军．班级管理如何适应新课改［J］．新课程（中），2015
（26）：177.

［57］姜智文．新课改对班主任的工作能力要求［J］．中国校外教育（理
论），2007（1）：78.

［58］阿衣夏木依沙克．新课改背景下高中班主任管理策略的创新探析
［J］．新课程（下），2018（9）：217.

［59］项家庆．谈管论道 现代班主任常规工作管理［M］．天津：天津教
育出版社，2018.

［60］林柏森，许晓菲．班级管理新论［M］．长春：吉林教育出版
社，2012.

［61］石梦媛．微文化 强回声［M］．昆明：云南大学出版社，2019.

［62］张典兵．班主任与班级管理［M］．徐州：中国矿业大学出版
社，2018.